Wenn nicht jetzt, wann dann?
Ein Wohnmobil muss her!

Michael Geigenberger

Wenn nicht jetzt, wann dann?
Ein Wohnmobil muss her!

Wie ich zu einem richtig tollen Wohnmobil kam!
Außerdem: Tipps und Ratschläge,
worauf man unbedingt achten sollte,
um so manche Panne auf der Suche
nach einem passenden Fahrzeug
zu vermeiden.

Bibliografische Information der Deutschen Nationalbibliothek:
Die Deutsche Nationalbibliothek verzeichnet diese Publikation in der
Deutschen Nationalbibliografie;
detaillierte bibliografische Daten sind im Internet über
http://dnb.d-nb.de abrufbar.

© 2014 Michael Geigenberger
Satz, Umschlaggestaltung, Herstellung und Verlag: BoD – Books on
Demand
ISBN: 978-3-7357-3601-7

Inhalt

Wenn nicht jetzt, wann dann?

Als wir vor 40 Jahren heirateten, sagte ich zu meiner frisch angetrauten Ehefrau: »Was hältst du davon, wenn wir uns einen VW-Campingbus zulegen?«

Die Antwort kam prompt: »Tut mir leid, nichts. Da gehe ich lieber in ein ordentliches Hotel!«

So war die Entscheidung erst einmal gefallen. Einige meiner Freunde hatten es da schon besser. Sie erhielten den gebrauchten Wohnwagen ihrer Eltern. Damit waren gewisse Weichen bereits gestellt.

Die Idee geriet in Vergessenheit und ich tobte meine Abenteuerlust auf Wanderreisen im Fernen Osten aus. Ich organisierte Reisen nach Indonesien, Thailand, Burma und Kambodscha. Meine Reiseteilnehmer bevorzugten jedoch die einfache Art, die Welt zu erkunden. Mit einem Jeep waren sie schon vollauf zufrieden, fast begeistert.

20 Jahre später beobachtete ich, wie sich mein Nachbar an einem alten Camper zu schaffen machte. Von Woche zu Woche verwandelte sich das Gefährt und schlussendlich stand ein ansehnliches Wohnmobil vor seiner Tür. Dann war es endlich so weit, seine kleine Familie enterte den Wagen und es ging ab nach Italien.

Sehnsüchtig sah ich ihnen nach und fuhr in Gedanken hinterher. Sofort erinnerte ich mich an meine früheren Reisen mit der Vespa nach Italien. Ich verstand nur zu gut, dass sie in diesem Moment der Abreise sehr glücklich waren.

Die Jahre vergingen und ich ertappte mich dabei, wie ich jedem vorbeiziehenden Wohnmobil nachsah. Aber die Arbeit ging vor! Meine Frau und ich machten uns mit einem Reisebüro selbstständig. Da blieb keine Zeit, um über ein Wohnmobil nachzudenken. Stattdessen beschlossen wir, eine kleine Ferienwohnung anzumieten.

Damit war das Thema »Wohnmobil« wieder einmal gestorben.

Die Jahre gingen ins Land, die Zeiten wurden nicht einfacher. So entschlossen wir uns eines Tages, unser Geschäft zu verkaufen und nach Mallorca auszuwandern. Dort spezialisierten wir uns auf die Organisation von Tennis- und Golfreisen. Unsere guten Beziehungen zu Kollegen in Deutschland waren dabei von großem Vorteil.

Der Zufall wollte es, dass ich auf einer Werbetour durch Deutschland einen Kollegen besuchte, der im Hof sein Wohnmobil parkte. Natürlich sprach ich ihn darauf an. Er berichtete, dass er momentan damit beschäftigt sei, organisierte Reisen für Wohnmobilbesitzer auszuschreiben. »Das ist die neue Zukunft!«, meinte er, und ich dachte umgehend darüber nach, ob ich nicht mit ihm zusammenarbeiten sollte.

Ich recherchierte und musste feststellen, dass es eigentlich größtenteils pensionierte Camper waren, die sich auf diesem Gebiet engagierten. Also keine wirklichen Fachleute. Keine Personen, die die Qualitäten eines Reiseleiters vorweisen konnten. Ich stellte aber auch fest, dass die kleinen Gruppen, die sich zusammenfanden, gar nicht an einem Fachmann interessiert waren. Vielmehr suchten sie eine Person, die ihnen das Gefühl des »freien Lebens« vermittelte. Die Teilnehmer verlangten also eher nach jemandem, der improvisieren konnte. Nach einem Fachmann, der den Umgang mit einem Grillgerät beherrschte und es verstand, eine kleine Stadtrundfahrt zu organisieren.

Das Gefühl der »Freiheit« war wichtig und gefragt. Ein Geschäftsfreund berichtete, dass er vor einiger Zeit mit einem gemieteten Wohnmobil an einer geführten Marokkoreise teilgenommen hatte. Alleine hätte er sich das niemals zugetraut, aber der Reiseleiter war erfahren und führte seine kleine Gruppe über Spanien, Gibraltar nach Marokko und wieder zurück. Mein Geschäftsfreund konnte sich die Rückreise selbst zusammenstellen und genoss die Unabhängigkeit in vollen Zügen. Er besuchte einige bekannte Golfplätze und stellte bei dieser Gelegenheit fest, dass unter den Golfern auch häufig Wohnmobilbesitzer waren. Im darauffolgenden Jahr meldete er sich für eine Türkeireise an. Auf die Frage, was ihn denn so daran faszinierte, mit einem Wohnmobil zu reisen, meinte er: »Es ist die absolute Freiheit. Du stehst an einer Kreuzung und kannst entscheiden, ob du den Weg nach Norden oder Süden nimmst.«

Natürlich verstand ich, was er meinte, und so begann ich von Neuem, meinen Traum von einem Wohnmobil zu träumen ...

Es war im Frühjahr 2009, als ich erfuhr, dass ein befreundetes Pärchen – Benedikt und Ute – ein Wohnmobil kaufen wollte. Ich nahm das damals nicht wirklich ernst. Meine Frau meinte dazu nur: »Warte erst mal ab, vielleicht ist es ja nur eine von Benedikts Geschichten.«

Benedikt erzählte gerne Geschichten aus alten Zeiten. Er schilderte dann alles so spannend, als würde es gerade in diesem Moment passieren. Gerne lauschten wir seinen Erzählungen.

Dann aber verdichteten sich die Gerüchte, weshalb ich davon ausging, dass tatsächlich stimmte, was die beiden angekündigt hatten. In den letzten Wochen vor der Ankunft des Corpus Delicti erhielt ich von Ute fast täglich neue Meldungen. Dann folgte die Nachricht: »Das Unikum«, so nannte sie es, »wird in den nächsten Tagen eintreffen.« Benedikt musste es vom Freihafen Bremen »herunterkarren lassen«, wie er sagte, da er zu diesem Zeitpunkt keinen Lkw-Führerschein besaß. Es schien ein großes »Unikum« zu sein und kam aus dem Land der unbegrenzten Möglichkeiten, aus Amerika. Noch war es allerdings nicht eingetroffen.

Am darauffolgenden Samstag erhielten meine Frau und ich eine ernst zu nehmende Vorwarnung. Ute kündigte für Sonntag Benedikts Ankunft mit dem neuen Gefährt an. Aber sicher war sie sich noch nicht. Zu oft schon hatte ihr Gatte sein baldiges Eintreffen in Aussicht gestellt, wobei meine Frau und ich immer das Gefühl hatten, dass es Ute ganz recht war, wenn es sich noch etwas verzögerte.

Doch dann läutete erneut das Telefon: »Hier ist Benedikt, wenn ihr es besichtigen wollt, dann kommt mal rüber!« – »Rüber« bedeutete allerdings eine halbe Stunde Fahrt, denn die beiden wohnten ja nicht gerade um die Ecke. Doch meine Neugier war nicht mehr zu bremsen. Ich wollte es endlich sehen, das Gefährt, welches seit einigen Wochen unsere Gespräche beherrschte. So machten wir uns auf den Weg zu Ute und Benedikt.

Schon von Weitem konnten wir das busähnliche Gefährt sehen. Die Farbe war nicht ganz zu definieren. War es beige oder war es eher hellbraun? Vielleicht sogar von beidem etwas?

Als wir uns dem Fahrzeug näherten, staunte ich nicht schlecht, war doch über der gesamten Vorderfront eine große Plastikscheibe angebracht. »Das ist wegen der Fliegen«, kommentierte Benedikt. Wir dachten eher an einen Schutzschild, falls Personen oder wilde Tiere plötzlich aus dem Nichts auftauchten. »Das wird einfach abgewaschen«, erfuhren wir dann auch noch. Vielleicht wollte uns Benedikt beruhigen, da er erkannte, was wir uns gerade bildlich vorstellten. Es könnten ja vielleicht Lebewesen daran kleben!

Aber wo er recht hatte, hatte er recht. Mit einem Dampfstrahler ließ sich die Schutzscheibe mit Sicherheit sauber halten. In Amerika schien es wohl üblich zu sein, dass man einen Schutzschild vor sich aufbaute. Vielleicht zu Recht? Aber genug des Fabulierens und der Vermutungen.

Die Idee, ein Wohnmobil zu kaufen, hatte Benedikt schon vor gut einem Jahr. Auf einer USA-Reise hatte er sich dann seinen Traum erfüllt und ein Wohnmobil mit gigantischen Ausmaßen erstanden, ganz so, wie man es sich für die Staaten eben vorstellte. »Drüben« schien ja alles etwas voluminöser zu sein. Ob Personenwagen oder Wohnmobil, alles war eben einen bisschen größer. Bei den enormen Ausmaßen der USA war das auch nicht verwunderlich.

Ich für meinen Teil hatte noch nie ein so riesiges Wohnmobil gesehen. In Prospekten, ja – aber was waren schon Prospekte? Die Abbildungen wurden meist mittels Fotomontage zusammengebastelt. Ähnlich wie bei Models. Da war wohl kaum etwas »Echtes« dran.

Benedikts neuer Wohnreisebus maß in der Länge zwölf Meter und in der Breite ca. 2,80 Meter. Je nach Bedarf konnte man das Ding auch noch auf vier Meter elektrisch verbreitern. Natürlich war innen alles mit edelstem Leder ausgeschlagen. »Bicolor« nannte man die Art der Ausstattung. Auch die fest montierten Möbel waren vom Allerfeinsten. Schränke in Hülle und Fülle, aus stabilem Holz gefertigt. Jede Tür hatte einen Sicherheitsbeschlag, damit während der Fahrt alles verriegelt blieb und in einer Kurve nicht plötzlich die Türen aufflogen, als käme ein Geist zu Besuch.

Ein großes Badezimmer und eine separate Toilette waren selbstverständlich. Das WC war aus Keramik gefertigt. So wie es aussah, hatte es ein bekannter Designer entworfen. Die Arbeitsplatte der Küche erstrahlte in edelstem Marmor. Kein Plastik, kein aufgemotzter Kunststoff.

Benedikt zeigte mir voller Stolz den Motorraum. Die dazugehörige Tür fuhr auf Knopfdruck elektrisch nach oben, aber das war wohl selbstverständlich. Ein

Kraftwerk der besonderen Art. »Caterpillar« stand hier in großen schwarzen Lettern auf der in gelber Farbe gehaltenen Maschine. Der Motorraum war so sauber, dass man dort speisen konnte. Aber das hatten wir ja eigentlich nicht anders erwartet.

Den Namen »Caterpillar« kannte ich eigentlich nur von gigantischen Baumaschinen oder Fahrzeugen, die zu Kampfeinsätzen verwendet wurden. – Hatte Benedikt vielleicht vor, an einem Kampfeinsatz teilzunehmen? Hatte er uns das etwa verschwiegen, da er immer voller Stolz seine Friedenstaube vor sich hertrug? Daher vielleicht auch die seltsame Farbe: beige, oder war es braun?

Aber wirklich vorstellen konnten wir uns das nicht. Benedikt war eher der Typ »Leben und leben lassen«. Dies unterstrichen auch seine körperlichen Ausmaße. Wenn man ihm begegnete, dachte man unwillkürlich an einen Kleiderschrank, wenn Sie wissen, was ich damit ausdrücken will. Ich gehe sogar noch einen Schritt weiter und füge hinzu, dass er wie ein Kleiderschrank mit zwei Türen wirkte. Aber es stand ihm. Und er passte in sein Fahrzeug, als hätten sie es um ihn herum gebaut.

Solange er sich an seinem Herd austoben konnte, war die Welt für ihn ohnehin in Ordnung. Im Gegensatz zu mir konnte er wirklich gut kochen. Ich war schon froh, wenn die Eier in der Pfanne gelangen. Gekochte Eier konnte man bei mir vergessen. Wenn sie hart werden sollten, gelang mir das schon eher.

Ich war eher der Typ »Leberkäse mit Bratkartoffeln«, am Sonntag kam dann noch ein Ei darüber. Benedikt hingegen war ein Fachmann. Wenn er uns zum Essen einlud, begannen wir schon einige Tage vorher mit dem Abnehmen. Benedikt konnte kochen, da gab es keinen Zweifel. Ute war nicht nur für die Ordnung zuständig, sondern auch für die Unordnung. Benedikt meinte dann immer charmant: »Meinst du nicht, Schatz, dass man in der Küche mal aufräumen sollte?«

Sie sollte dafür sorgen, dass die Küche nach heftigem Putzen den alten Glanz wieder erhielt, was nicht einfach zu bewerkstelligen war. Das war schon eher ein Kampfeinsatz. Die Waffe: »Meister Proper«, oder wie auch immer diese Sprühflaschen hießen, die mit kräftigen Männern für Sauberkeit warben. Warum waren eigentlich keine Frauen darauf abgebildet? Wenn mich nicht alles täuschte, war es doch bislang immer die Damenwelt, die eine stark benutzte Küche wieder zum Leben erweckte.

Doch zurück zum neuen Wohnmobil meiner Freunde. Noch völlig beeindruckt von den Ausmaßen des Fahrzeuges fragte ich Benedikt ganz ehrfurchtsvoll: »Wie viel schluckt denn so ein Koloss? Kann man es überhaupt noch ›Wohnmobil‹ nennen oder läuft es schon unter dem Begriff ›Appartement auf Rädern‹?«

»Ach«, meinte Benedikt, »ich schätze mal, so an die 20 Liter werden es schon sein. Können aber auch 30 sein, ich habe noch nie darauf geachtet, da in Amerika das Benzin so günstig ist. Allerdings muss ich zugeben, dass ich beim letzten Tankstopp in Köln tatsächlich über 300 Euro berappen musste.«

Benedikt begleitete seine Ausführungen mit einem Grinsen, womit er wohl sagen wollte: Man muss es sich halt leisten können, so etwas Besonderes zu besitzen.

Er kündigte an, bald mit Ute und dem Wohnmobil in den Süden Spaniens zu reisen. Doch davon war er momentan noch weit entfernt. Für dieses beeindruckende Gefährt brauchte man in Europa einen Lkw-Führerschein. Während seiner Amerikareise genügte ein internationaler Führerschein, um herumkurven zu können. Die Amis waren da wohl etwas großzügiger, auf jeden Fall hatte Benedikt »drüben« keine Probleme gehabt. Nun wusste er natürlich, dass er sich an europäisches Recht halten musste, und so war er auch fleißig am Lernen und im Unterricht. Das waren die Vorgaben und der Ernst der Sache.

Benedikt und Ute wollten die Welt umfahren und in diesem Wohnmobil zukünftig auch leben, kochen und ihrer Arbeit nachgehen.

»Für immer?«, fragte ich nebenbei.

»Natürlich!«, erhielt ich zur Antwort. »Wenn wir mal losfahren, hält uns nichts mehr. Wir machen das wie die Zugvögel: immer der Sonne nach!«

Es verging noch ein ganzes Jahr, bis es dann endlich so weit war. Wir halfen beim Tragen der Kisten und Koffer. Ich wusste gar nicht, dass es so große Tupper-Kisten gab. Sie waren mit Nummern versehen und ihr Inhalt war auf einer Liste dokumentiert. Darunter waren Kisten, deren Inhaltsbeschreibung auf eine Diamantenschleiferei schließen ließ. Andere wiederum waren als »Nähzubehör« gekennzeichnet.

Sie machten also tatsächlich Ernst mit ihrem Versprechen, mit einem Wohnmobil quer durch Europa zu reisen. Ihren Lebensunterhalt wollten sie sich mit

Arbeit verdienen, wobei das mit dem »Verdienen« nicht ganz so wichtig war, denn Benedikt hatte geerbt.

Ute, auch unsere »Fetzen-Lilly« genannt, war gelernte Schneiderin und stand ehemals in den Diensten eines bekannten Couturiers. Sie brachte alle Voraussetzungen mit, um ihre selbst geschneiderten Sommerkleider an die Frau zu bringen. Einige Schnitte und Vorführkleider waren bereits fertig, um sie vorzeigen zu können. Für eine kleine Modenschau an einem feinsandigen Strand sollte es ausreichend sein, so meinte sie. Ute war zuversichtlich, ihr Taschengeld mit Schneiderarbeiten aufbessern zu können.

Benedikt hatte kürzlich seine Lebensversicherung ausbezahlt bekommen, deshalb war auch die Anschaffung des Gefährts möglich. Die Idee schien auch wirklich durchführbar zu sein. Es war nicht das Hirngespinst eines Ausgeflippten, da waren wir uns ganz sicher. Benedikt hatte alles sorgsam durchdacht und durchgerechnet – beinahe so, wie wenn er ein neues Rezept ausprobierte. Da ging es um eine Prise von hier und einen kleinen Löffel von dort. Es musste wirklich alles stimmen. Genauso plante Benedikt die gemeinsame Zukunft mit seinem Wohnmobil.

Alle Aggregate wurden überprüft, inklusive der Warnmelder, die vor Einbrechern schützen sollten, und alles funktionierte. Das letzte Teil, das noch installiert werden musste, war ein Flachbildschirm von den Ausmaßen eines Wohnzimmergerätes.

Selbstverständlich gab es einen Tresor für Benedikts Edelsteine. Diese stellten die Basis für noch zu entwerfende Schmuckstücke dar.

Benedikt war Kenner von Edelsteinen und hatte nur das beste Material an Bord. Seine kleine, exklusive Werkstatt hatte er in wenigen Minuten zusammengesucht und aufgebaut. Von uns erhielt er den Spitznamen »Diamanten-Charly«. Als wir ihm diesen Titel verliehen, war er ganz stolz und meinte lachend, dass wir einen sehr passenden Namen für ihn gefunden hätten. Er überlegte sogar, ob er ihn nicht gleich auf das Fahrzeug schreiben sollte. So wüssten wenigstens alle Bescheid, dass er Diamanten mit sich führte. Vielleicht wäre es aber doch etwas zu gefährlich gewesen.

Dann war es endlich so weit. Nachdem auch der Hund im Gefährt untergebracht war, konnte die Reise beginnen. Langsam setzte es sich in Bewegung, das fahrende Wohnzimmer. Eigentlich war es ja eher ein fahrendes Appartement. Ein ruhiges Brummen war zu hören, wie bei einem großen Reisebus, so, als wollte uns der Wagen mitteilen: »Auf mich könnt ihr euch verlassen!« Ein wenig kratzte er am Bordstein entlang und schrammte auch einen Hydranten, aber dann ging es auf die Hauptstraße. Nach wenigen Minuten sahen wir nur noch die Rücklichter. Benedikt und Ute waren on Tour!

Es sollte drei Monate dauern, bis wir die erste Rückmeldung von den beiden erhielten. Trotz der Größe des Fahrzeuges mussten sie sich an das »Beisammensein« auf beengtem Raum wohl doch erst gewöhnen. Auch wenn es zwei Zimmer gab, stand man sich doch gerne im Weg. Benedikt musste sich als leidenschaftlicher Hobbykoch erst auf die Dimensionen der neuen, viel kleineren Küche einstellen.

Ute bewies Nerven, wenn sie täglich vor dem hinterlassenen Küchenchaos stand. Aber es spielte sich alles nach und nach ein.

Nach drei Monaten bat Ute ihren Benedikt um Heimaturlaub. Wir trafen sie bei einem »Café con Leche« und einem Glas Schampus. Ute berichtete von der bisher bewältigten Tour und ihre ersten Worte klangen fast wie ein Klagelied. Aber sie musste bei ihren Ausführungen selbst schmunzeln, was uns doch beruhigte.

»Das klingt doch nicht wirklich beängstigend, oder verheimlichst du uns etwas?«, fragten wir sie.

»Wir wollen auf jeden Fall weiterreisen, aber jetzt brauche ich erst mal Abstand von meinem Schatz«, antwortete Ute, wobei uns auffiel, dass sie das Wort »Schatz« früher schon mal leichter über die Lippen brachte.

»In zwei Wochen bin ich dann wieder bereit, an Bord zu gehen. Wisst ihr, Benedikt ist in seinem Element, er ist richtig glücklich mit sich und seinem Fahrzeug!« Dann schlürfte sie entspannt an ihrem Glas Schampus.

»Ach ja, eine lustige Geschichte muss ich euch noch erzählen«, sagte sie nach einer Weile. »Als wir vor drei Wochen auf einem sehr schönen Campingplatz eine Rast einlegten, verschätzte sich Benedikt mit seinem Gefährt. Als wir abfuhren, übersah er einige Blumenrabatten. Und als er dann auch noch wenden musste, mussten ein paar Büsche daran glauben. Na ja, was soll ich sagen? Der Campingwart verlangte 3.000 Euro von ihm.

Es war für Benedikt kein guter Tag. Als wir dann in

eine kleine Ortschaft hineinfuhren, standen wir plötzlich in einer Sackgasse. Drei Personen waren notwendig, um den Verkehr aufzuhalten und Benedikt samt seinem Gefährt auf die Hauptstraße zurück zu lotsen. So frage ich mich manchmal, ob es nicht doch besser gewesen wäre, sich ein kleineres Fahrzeug anzuschaffen.«

Trotzdem schmunzelte Ute immer noch, als sie sich verabschiedete. Ich wurde das Gefühl nicht los, als hätte ihr Schmunzeln ein bisschen mit Häme zu tun. Meine Frau aber lachte und meinte zu mir: »Was hab ich gesagt, es ist doch nicht so einfach!«

Kaum hatte Ute uns verlassen, verspürte ich wieder ein Verlangen, meinen alten Traum wahr werden zu lassen. Ich musste mir eingestehen, dass ich diesen Wunsch nach wie vor seit etlichen Jahren in mir trug, aber ich hatte ihn immer unterdrückt. Das musste sich nun ändern!

Immer, wenn mir irgendwo ein Wohnmobil begegnete, sah ich ihm sehnsüchtig nach und überlegte, wo es wohl gerade hinfuhr. Häufig war ich auf der Strecke München–Barcelona unterwegs. Da konnte ich die verschiedensten Fahrzeuge beobachten.

Zugegeben, es gab sehr einfache Gefährte, denen ich lieber aus dem Weg ging. So kam ich einmal an eine Unfallstelle und staunte nicht schlecht. Ein Wohnmobil war anscheinend auf der abschüssigen Straße ins Schleudern gekommen. Über vier Fahrspuren lagen die Teile des Fahrzeuges verstreut und alle Insassen waren verletzt. Die Krankenwagen waren bereits abgefahren. Die Autofahrer, die warten mussten, bis sie an der Unfallstelle vorbeigelotst wurden, konnten den Aufbau des Wohnmobils genau erkennen. Kaum ein Teil war auf dem anderen geblieben. Sperrholz, so weit das Auge reichte. Zugegeben, das Fahrzeug war mindestens 20 Jahre alt. Heute werden Fahrzeuge anders gebaut und sie sind auch viel sicherer. Aber man sollte niemals das enorme Gewicht unterschätzen. Der Bremsweg ist hier wirklich um einiges länger, als man es von einem Personenwagen gewohnt ist. Natürlich verfügen neuere Fahrzeuge über ABS und alle sonstigen Hilfen. Man muss jedoch darauf achten, dass auch für den Beifahrer ein Airbag vorhanden ist. In den meisten Fällen muss dieser als Extra hinzugekauft werden.

Bei so manchem Wohnmobil, das ich beobachtete, musste ich an meine Frau denken. Für abgehalfterte Fahrzeuge nutzte sie gerne die Bezeichnung »Wohnklo«.

Die Szene hatte sich in der letzten Zeit jedoch deutlich gewandelt. Noch vor Jahren hatte ich oft den Eindruck, dass sich die Besitzer gerne den Anschein geben wollten, sie seien Abenteurer auf großer Weltreise. Da hatte man wohl keine Zeit, sich zu waschen oder wenigstens ein bisschen Körperpflege zu betreiben. Da zog man schon mal eine Jacke an, die ihre gute Zeit vor etlichen Jahren hinter sich gelassen hatte. Wie heißt es doch so schön: »Camping ist, wenn die Verwahrlosung als Urlaub empfunden wird.« Diesen Spruch habe ich einmal im Internet aufgestöbert. Heute trifft das jedoch nicht mehr unbedingt zu.

Meine Frau war kein Fan von Campingurlauben und wollte von Wohnmobilen auch nichts wissen. Das lag vielleicht daran, dass sie schlechte Erinnerungen an Zeiten hatte, als sie mit ihren Eltern zum Zelten unterwegs war. Sie schliefen damals wie die Heringe zusammengepfercht in einem Dreimannzelt. Der Bunsenbrenner ersetzte den Küchenherd, und dann fiel der legendäre Spruch: »Jetzt haben wir tatsächlich das Küchenbüfett daheim vergessen!«

Im Küchenbüfett stand das gute Geschirr, auf dieses musste man natürlich beim Campen verzichten. Da galt es schon eher, mit Blech und Plastik zu hantieren.

Deshalb tat meine Frau vielleicht meine anfängliche Begeisterung fürs Campen mit der Bemerkung ab: »Das ist ganz normal, das kommt noch aus deiner Pfadfinderzeit. Das vergeht auch wieder.«

Aber es ging eben nicht vorbei. Ich ertappte mich immer öfter dabei, wie ich im Internet surfte und die Webseiten verschiedener Herstellern durchsah. Ich wagte es sogar, eine Mail abzusenden, sodass es zu ersten Gesprächen kam.

Der Tipp eines Freundes, doch mal auf die Websites von privaten Anbietern zu sehen, erwies sich als interessant und lehrreich. Natürlich lobte jeder Anbieter sein Gefährt. Auf die Frage nach Details begann dann aber gerne das Fabulieren. Einen Nachweis der ausgeschriebenen Kilometeranzahl gab es nur selten. Die Anbieter flüchteten sich in Ausreden. Ich erfuhr jedoch, dass die Fahrzeuge schon etliche Vorbesitzer hatten. Ein Vergleich mit professionellen Anbietern und Fachbetrieben zeigte, dass die Preise meist deutlich überhöht waren. Garantie gab es natürlich auch keine. So gab ich die Suche bei privaten Anbietern auf und konzentrierte mich auf Fachbetriebe. Diese boten natürlich auch Fahrzeuge an, die von Privatanbietern in Zahlung gegeben wurden, aber sie checkten die Wohnmobile, bevor sie erneut verkauft wurden. Außerdem gab es ja hier eine Versicherung, so blieb der Kauf seriös.

Ich hatte anfangs eigentlich keine genauen Vorstellungen. Es sollte ein ganz normales Wohnmobil sein, aber mit einem großen Bett für zwei Personen. Nach dem Studieren einiger Unterlagen musste ich leider eine Feststellung machen: Ein Bett für zwei Personen wurde in der Regel mit einer Breite von 1,40 Meter ausgewiesen. Dies war unseren Vorstellungen nach natürlich eher beengend und nicht gerade als bequem zu bezeichnen.

Eine anständige Toilette musste ebenfalls vorhanden sein, außerdem eine kleine Kombüse zum Aufwärmen der Dosen. Eine Kaffeemaschine war Bedingung, zudem musste alles recht wohnlich und gepflegt sein. Am Heck sollten die Fahrräder hängen.

Aber sollte es nicht auch Platz für einen Motorroller geben? Und wie ging das eigentlich mit dem Abwassertank? Wie und wo bekam man Strom her? Sollte das Fahrzeug mit Solartechnik ausgestattet sein? Fragen über Fragen, auf die ich noch keine Antwort hatte.

Schließlich kam es zu einem Gespräch mit einem Hersteller im Süden Deutschlands. Eine sehr versierte, freundliche Beraterin erklärte mir am Telefon, dass man selbstverständlich Probewohnen könne: »Bei uns kaufen Sie nicht die Katze im Sack!« Weiter erzählte sie, dass sie gerade einen Kunden habe, der seine Wohnung auflösen würde und zukünftig nur noch im Wohnmobil wohnen wolle.

Mit dem Eintritt in die Pensionierung hatte der Kunde die Auszahlung einer Lebensversicherung zu erwarten. Dieser Betrag sollte für den Erwerb eines Gefährts verwendet werden.

Die Beraterin meinte dann, es käme hauptsächlich auf die Höhe der Rente an. Diese müsse auf jeden Fall ausreichend sein, um sich europaweit mit der fahrenden Wohnung bewegen zu können.

Aufmerksam hörte ich ihr zu und begann nachzudenken. Ich ging sogar einen Schritt weiter und listete auf, welche zusätzlichen Kosten zu erwarten waren. Anfangs sah man das gewöhnlich etwas blauäugig.

So schrieb ein Camper beispielsweise in einer Fachzeitschrift, dass er beim Nachrechnen feststellen musste, dass er sich bei den angefallenen Kosten durchaus auch ein Luxushotel hätte leisten können. Zugegeben, er hatte sich ein Fahrzeug aus dem Luxussegment gemietet. Daran hätte er vielleicht vorher denken sollen.

Also rechnete ich weiter. Im Moment tankte ich etwa einmal im Monat meinen Wagen voll, das würde sich sicher ändern. Ich wollte ja mit dem Wohnmobil unterwegs sein.

Ich rechnete mit etwas mehr als 300 Euro Spritkosten pro Monat, also drei Mal tanken, notfalls auch vier Mal. Dann kämen aber noch die Platzgebühren hinzu, wobei ich hoffte, dass ich oft »wild« campen könnte.

Diesen Gedanken verfolgte ich umgehend weiter und sah bei Google nach. Das Ergebnis meiner Recherche war enttäuschend. Wie es aussah, war »wildes« Campen in fast allen europäischen Ländern verboten. Die Regierungen wollten anscheinend, dass man sich auf einen Platz begab und dafür kräftig bezahlte. Klar, das leuchtete mir ein, schließlich wollte der Fiskus an dem Trend des »freien Reisens« auch gut mitverdienen. Nur wenige europäische Länder, wie zum Beispiel Schweden und Norwegen, machten hier eine Ausnahme.

Allerdings musste man auch bedenken, dass so mancher Camper seinen Stellplatz nicht gerade gepflegt hinterließ. Häufig konnte ich auf Rastplätzen beobachten, wie die Standplätze verlassen wurden. Manchen Campern war der Weg zur Tonne anscheinend zu weit, so warfen sie den Müllbeutel ganz einfach unter einen Tisch auf dem sonst ordentlichen Parkplatz.

Die jährlichen Zulassungszahlen von Wohnmobilen in Europa bestätigten mir, dass der Trend hin zum Wohnmobil gewaltig war. Die Hersteller waren mit den Verkaufszahlen mehr als zufrieden. Einige Hersteller hatten sogar beachtliche Lieferfristen.

Irgendwann stellte ich mir die Frage, wie viele Sommer ich eigentlich noch zu erwarten hatte. Mit dem Eintritt in die Pensionierung konnte das ziemlich eng werden. Hielt man sich allerdings an das Prinzip der Zugvögel, waren es eigentlich zwei Sommer im Jahr. Das machte mir wieder Hoffnung und ich tröstete mich über die hohen Nebenkosten hinweg, die zu erwarten waren. Ich musste auch entdecken, dass die Vollkaskoversi-

cherung erheblich höher war als bei meinem Personenwagen. »Das muss am Geschirr liegen, das man
mit sich führt«, meinte meine Frau lachend.

Aber ich ließ mich nicht beirren. In Gedanken war
ich sogar schon bei der Routenplanung. Im Sommer
wollte ich in den Norden, in der kühlen Jahreszeit in
den Süden fahren, wo es noch angenehm warm war.

Von Ute und Benedikt hatten wir seit einem Jahr
nichts mehr gehört. Wir gingen davon aus, dass sie
noch unterwegs waren. Meine Frau meinte: »Entweder
sie haben sich gegenseitig umgebracht oder sie sind
nach wie vor glücklich auf ihrer Weltreise.«

Anscheinend hatte man sie vor einem halben Jahr im
Süden Spaniens gesichtet, wenn sie es denn wirklich
waren. Benedikts Handy war bereits seit Monaten ab-
geschaltet und Utes Mobiltelefon lag wohl noch in der
Küche ihrer kleinen Wohnung, die sie vorsichtshalber
behalten hatte. Ute drückte es so aus: »Das ist meine
Rückversicherung, wenn ich mal die Nase voll habe!«
Sie sagte bei dieser Bemerkung jedoch nicht, ob sie
ihren Schatz damit meinte oder das Reisen mit dem
Wohnmobil.

Ein weiteres Jahr war vergangen und ich fieberte dem
Tag entgegen, an dem ich meinen Rentenbescheid aus
Berlin per Post zugestellt bekommen sollte. Dann war
es endlich so weit, ab dem Zehnten des nächsten Mo-
nats war ich im verdienten Ruhestand! In mir regte
sich das Verlangen, nun mit einer realen Routenplanung zu beginnen. Ich besorgte mir Landkarten und
Reiseführer. Alles wurde gehortet, egal, ob es Unter-

lagen für den Norden oder Reisebeschreibungen über den Süden waren.

Um die Übersicht zu behalten, hatte ich extra ein Regal in meinem Büro aufgestellt, das sich schnell füllte. Darin befand sich auch ein besonderes Fach für Beschreibungen von Schlössern und Herrensitzen. Das Fahren von Burg zu Burg stellte ich mir sehr interessant vor. Ich würde in alten Geschichtsbüchern blättern, einem Reiseleiter folgen und gespannt zuhören, was er aus alten Zeiten zu berichten hatte …

Aber Moment mal! Sollte ich nicht langsam damit beginnen, meine Liste der Wohnmobilhersteller und -anbieter durchzugehen? Gesagt, getan. Schon am nächsten Tag führte ich Dauergespräche mit Anbietern von gebrauchten Wohnmobilen. Zuerst galt es, sich für einen Typ zu entscheiden. Ich hörte von den Fachleuten Namen wie »Alkoven«, »Kastenwagen«, »Integrierter« oder »Teilintegrierter«, sogar der Begriff »Dreamliner« fiel.

So kompliziert hatte ich es mir nicht vorgestellt. Ich wollte doch einfach nur ein Wohnmobil. Nach drei weiteren Tagen war ich in der Lage, die verschiedenen Typen zu unterscheiden. Auch von den Herstellern flatterten bereits die ersten Prospektpakete ins Haus. Ich hörte Bezeichnungen wie »Tiefrahmenchassis« oder »Langversion« – und noch ein schönes Wort: »zwillingsbereift«. Den Begriff »Zwillingsbereifung« kannte ich bisher eigentlich nur von meinem Hausarzt. »Du solltest etwas abnehmen!«, meinte er bei meinem letzten Besuch, als ich zum Check bei ihm antrat.

Noch konnte ich wenig mit diesen Begriffen anfangen. Die Hersteller spielten mit diesen Bezeichnungen, als würde jeder Interessent die Fachausdrücke beherrschen und wissen, was damit gemeint war. Für mich waren es anfangs nur Böhmische Dörfer. Ich tat einfach so, als wüsste ich Bescheid, und spielte den erfahrenen Camper, der natürlich weiß, wo und wie das WC entleert wird. Es war mir egal, welche Länge ein Fahrgestell hatte. Hauptsache, es war stabil und trug den montierten Aufbau. So dachte ich als Laie, als ich noch ganz am Beginn meiner Recherche stand.

Übrigens: Sie finden im Anhang eine Liste mit Spezialausdrücken, damit Sie Bescheid wissen, wenn Sie mal ein Ersatzteil benötigen oder mit einem Fachmann reden, der mit Fremdworten nur so um sich wirft.

Es blieb nicht aus, dass auch meine Freunde in das Thema einbezogen wurden. Nach einem Monat konnten einige unserer engsten Bekannten das Wort »Wohnmobil« schon nicht mehr hören. So meinte Helmut: »Kauf dir einfach eines, damit mit dem Thema endlich Schluss ist. Du kannst uns ja dann eine Postkarte schicken, damit wir wissen, wo du dich gerade aufhältst.«

Aber es war doch sehr interessant zu hören, wie unterschiedlich die Vorstellungen vom Wohnen auf Rädern waren. Einige meiner Bekannten lehnten es komplett ab. Werner meinte sogar: »Da verschlampst du völlig!«

Dani schlug vor: »Am besten, du kaufst dir einen Wohnwagen, das ist billiger und den kannst du einfach irgendwo abstellen. Notfalls auf einem Dauerstellplatz!«

Eines war jedoch klar: Diese Entscheidung musste ich ganz alleine treffen. Es machte keinen Sinn, mit Freunden eine Endlosdebatte zu führen, wenn sie sowieso nur in Luxushotels übernachteten. So zog ich mich besser zurück und blätterte in den Unterlagen, die inzwischen zuhauf eingetroffen waren.

Irgendwann glaubte ich, eine Lösung gefunden zu haben. Es sollte ein gebrauchter und gut ausgebauter Kastenwagen sein. Ein erfahrener Camper gab mir den Tipp, dass man mit einem Kastenwagen leichter in die Städte hineinfahren konnte, da er ja einem Lieferwagen ähnelte. Vor allem die Breite solcher Gefährte beruhigte mich, sie entsprach schon fast der meines Alltagswagens, wenn ich die Außenspiegel mit einbezog. In der Länge sollte der Wagen etwa sechs Meter messen, denn im Notfall musste er auch für vier Personen genügend Platz bieten. Schließlich hatten sich unsere Kinder zu Wort gemeldet. Auch sie dachten bereits an eine Reise mit dem neuen Gefährt. Es kam sogar zum Streit, wer oben und wer unten schlafen durfte. Auch meine Enkel waren von der Idee hellauf begeistert. Sie stellten es sich traumhaft vor, eine Reise mit dem Wohnmobil zu unternehmen.

Aber der Weg dorthin war noch nicht zu Ende gedacht. Es mussten noch einige Hürden genommen werden.

Drei Tage lang stand ich vor der Qual der Wahl. Möglichst neuwertig sollte das Gefährt sein, so meine Überlegung. Oder besser noch ein Vorführwagen?

Keinesfalls ein Fahrzeug, das zuvor in der Vermietung war. Davon hatten mir Freunde dringend abgeraten. Niemals würde man erfahren, ob das Fahrzeug in einen Unfall verwickelt war oder wie die Mieter mit dem Wohnmobil umgegangen waren. Mietfahrzeuge wurden meist nach zwei Jahren mit einem Kilometerstand von 25.000 abgegeben. Nach Aussage eines »professionellen« Vermieters hätten dann bereits über 20 Personen das Fahrzeug gesteuert.

Inzwischen war es Oktober – eine gute Zeit, mein Vorhaben voranzutreiben. Nun kamen alle Fahrzeuge zurück, die auf Ausstellungen unterwegs waren. Camping-Messen gab es in Europa ohne Ende.

Schon bald erspähte ich ein Angebot, das meine volle Aufmerksamkeit beanspruchte. Das Fahrzeug befand sich bei einer Werksvertretung im Frankfurter Raum. Wie mir der Verkäufer am Telefon versicherte, stand es nur auf zwei Messen und war praktisch neuwertig. Der Preisnachlass sollte in etwa 20 Prozent betragen. »Mit voller Garantie«, wie er betonte. »Nur eine Tageszulassung.«

Wie sich der Preis berechnete, erfuhr ich aber nicht. Ich bekam nur einen Endpreis genannt, und dieser würde weit unter dem Originalpreis liegen, wurde mir versichert. Wie der Verkäufer betonte, sei einiges an Zubehör dabei, was natürlich nicht extra berechnet würde. Aber auch hierzu gab er keine weiteren Details bekannt.

Die Gesamtlänge des Fahrzeuges betrug 5,50 Meter. Das große Bett im Heck konnte man umklappen, sodass ein Motorroller gegebenenfalls Platz fand. Ging man zu Bett, musste dieser natürlich vor die Türe.

Die zugesandten Fotos beeindruckten mich. Sofort begann ich, das Angebot mit anderen zu vergleichen, und musste leider feststellen, dass es an Zubehör doch gewaltig mangelte. Es gab noch keine Markise, ein Warmwasserboiler fehlte ebenfalls, von einem Fernseher ganz zu schweigen. Allein die automatische Antenne mit Receiver schlug mit fast 3.000 Euro zu Buche. Das Wort »Heizung« hatte der Verkäufer gar nicht erwähnt. Würde es eine geben oder musste ich diese extra bezahlen?

So ganz nebenbei las ich, dass ein Reserverad nicht im Preis enthalten war. Es gab nur eine Sprayflasche für den Notfall. Sogleich kamen unangenehme Erinnerungen in mir hoch.

Als ich einmal mit einem nagelneuen Fahrzeug unterwegs war, bemerkte ich, wie der Wagen plötzlich nach rechts zog. Da musste ich nicht lange überlegen. Ich wusste, dass ich mir einen Reifen plattgefahren hatte. Ein Metallstück auf der Landstraße hatte einen Schnitt von etwa drei Zentimetern am Reifen verursacht. Es handelte sich um einen Schnitt in der Lauffläche. Hier war ein Verschließen mittels Spray unmöglich. Bis Hilfe herbeieilte, vergingen gute zwei Stunden. Damals schwor ich mir, niemals mehr mit einem Dichtungsspray auf Reisen zu gehen. Alle späteren Fahrzeuge erhielten sofort ein Notrad, so war ich für immer beruhigt.

Die Kriegsbemalung des angebotenen Fahrzeuges ähnelte der eines Nahkampfjets. »Aber sehr exklusiv!«, meinte der Verkäufer bei einem weiteren Telefongespräch. »Das gehört alles zum Luxuspaket und ist im Preis enthalten. Ach ja, die Stoßstangen sind sogar lackiert!«, erfuhr ich noch in einem Nachsatz. Auf die Frage, wie denn die Matratzen seien, meinte er, dass man »bessere« bestellen könnte. Aber die kosteten dann extra.

Als der Verkäufer hörte, dass ich gerade in Pension gegangen war, meinte er ganz beiläufig: »Sie zahlen doch sicher bar?«

Ich hatte es eigentlich überhört, aber dann fragte ich noch mal nach: »Warum in bar?«

Die Antwort erhielt ich prompt: »Weil Sie als Rentner keine Finanzierung bekommen werden!«

Wie gut, dass ich am Telefon sein Gesicht nicht sehen konnte, aber spüren konnte ich seine Häme ganz deutlich. So begriff ich sofort, dass er jetzt meine Finanzstärke abchecken wollte, um zu erfahren, ob sich ein längeres Gespräch mit mir überhaupt lohnte.

Seit 40 Jahren kaufte ich meine Fahrzeuge im Leasing, warum diesmal eigentlich nicht? Ich begriff nicht, worin das Problem lag.

Ich bekam den Eindruck, dass der Verkäufer bei einem Rentner sofort an eine langsam dahinsiechende Person dachte. Statt mir ein Wohnmobil zu kaufen, sollte ich wohl eher an einen Rollator denken? Auf diesen Gedanken kam man, wenn man ihn reden hörte. Man hätte beinahe glauben können, dass es für einen Rentner wichtiger war, erst mal eine geeignete Grabstätte zu suchen, als ein Wohnmobil zu erwerben. Ich war entsetzt! Warum brachte man das Wort »Rente«

oder »Ruhestand« eigentlich direkt mit Grabstein und Tod in Verbindung?

Andererseits musste ich zugeben, dass mir einige Bekannte in meinem Alter bereits einen Schock versetzten, gab es doch für viele nur noch ein Thema: die Krankheiten. Je komplizierter, umso länger konnte man darüber reden. Entsetzlich! Das wollte ich auf keinen Fall. So wollte ich nicht leben, darüber war ich mir absolut im Klaren. Es gab doch noch ein Leben vor dem Tod. Da war ich mir ganz sicher!

»Keine Finanzierung, kein Leasing!«, so lautete die klare Aussage des Verkäufers. »Es sei denn, Ihr Sohn oder Ihre Tochter erwerben das Fahrzeug. Ihre Kinder haben doch sicher eine gute Anstellung, genug auf dem Konto und keine anderen Verpflichtungen? Oder sind Ihre Kinder etwa verheiratet, womöglich haben sie bereits ebenfalls Kinder?«

»Mein Sohn oder meine Tochter sollen nun für mich kaufen oder zumindest bürgen?«, fragte ich verständnislos. Das konnte wohl nicht wahr sein. Ich fühlte mich beleidigt und war aufs Tiefste getroffen.

Der Verkäufer machte dann den Vorschlag, dass man ja das Eigenheim beleihen könnte … Vorausgesetzt, es gäbe eines.

Das Gespräch war damit erst einmal beendet.

So hatte ich es mir nicht vorgestellt. Ich hatte eher an eine Anzahlung von 50 Prozent gedacht, kombiniert mit einem Leasingvertrag. Oder wenn es nicht anders ging, wäre vielleicht auch eine Finanzierung denkbar gewesen.

Als ich das Thema mit meiner Frau besprach, meinte

sie: »Wenn du es dir leisten kannst, warum nicht? Dann mach es eben. Aber du weißt ja, ich für meinen Teil sage: Wohnmobil? Nein danke!«

Der Verkäufer ließ sich nicht beirren. Er holte, ohne mich zu fragen, Auskünfte über mich ein und schlug eine Finanzierung vor. »Das müsste gehen!«, meinte er dann bei einem weiteren Telefonat stolz und hörbar erfreut.

Insgeheim dachte er wohl gerade an die Provision, die er von seiner Hausbank für die Vermittlung des Kredits einsacken konnte. Dann machte er auch noch einen guten Vorschlag bezüglich der monatlichen Belastungen.

Eigentlich verliefen die folgenden Gespräche sehr positiv, bis dann die Hausbank fragte, wer denn als Bürge zur Verfügung stünde.

Damit hatten sich weitere Gespräche für mich erledigt. Wenn ich beabsichtigte, mir ein Fahrzeug zuzulegen, dann wollte ich das alleine schaffen. – Wenn nicht jetzt, wann dann?

Ich telefonierte mir die Finger wund. Es war mir nicht bekannt, dass es so viele Gauner unter den Kreditvermittlern gibt. Mit völlig überhöhten Vorstellungen. Unseriös, unverschämt und völlig von der Rolle, wie meine Enkel sagen würden.

Ich wollte schon aufgeben, aber da meldete sich plötzlich ein guter Freund bei mir, der natürlich auch wusste, dass ich mir ein Wohnmobil zulegen wollte.

»Ich glaube, da kenne ich jemanden …«, sagte er. Natürlich schrillten bei diesem Satz sofort meine Alarmglocken. Aber ich hörte aufmerksam zu und ließ ihn einfach mal berichten.

Tatsächlich führte sein vorgeschlagener Weg zum Erfolg. Bereits drei Tage später besuchten wir einen befreundeten Händler in der Nähe von Basel. Dort besichtigten wir einen fast neuen Kastenwagen der Firma Adria. Es war ein »4 Twin«. Das Fahrzeug meiner Träume!

Aber was waren schon Träume? Waren diese Träume auch bezahlbar? Ich wurde misstrauisch bei so viel Ehrlichkeit und Leichtigkeit beim Verhandeln.

Endlich hatte ich die Gelegenheit, das Innenleben des Wohnmobils zu besichtigen. Und sofort begriff ich: Mit meinem kleinen Wohlstandsbauch könnte es ziemlich eng werden. Ich musste also abnehmen, da führte kein Weg dran vorbei! Das erste Kilo würde sicher schnell runter sein, überlegte ich. Weitere Kilos müssten aber folgen, sonst bekäme ich Probleme mit dem oberen Stockbett. Also machte ich mir einen genauen Plan. Aber ich will hier ja nicht über das Abnehmen berichten …

Also zurück zum Wohnmobil »4 Twin«. Der Vorbesitzer hatte es wirklich sehr pfleglich behandelt und ich war mir mit dem Händler schnell einig. Dieses Fahrzeug war endlich das richtige. Es war alles perfekt. Welche Erleichterung!

Die Zubehörliste war endlos – eine Sat-Anlage, ein großer Warmwasserboiler, ein gut eingerichtetes Bad … Alle Dinge, die man erwartete, waren bereits eingebaut.

So etwas war jedoch nicht immer selbstverständlich, wie ich leider bei anderen Besichtigungen in Frankfurt, Nürnberg und Stuttgart bereits erfahren musste.

Außerdem waren die Angaben über die abgespulten Kilometer, besonders bei ehemaligen Leihmobilen, eher ungenau, um es mal vorsichtig auszudrücken. Zudem standen Zubehörteile auf einer beigefügten Liste, die im Fahrzeug nicht zu finden waren. Am häufigsten wurden Fahrzeuge von Fiat, Peugeot und Citroën angeboten. Auch Ford war oft vertreten.

Kaum ein Nichtfachmann weiß jedoch, dass man bei Fahrzeugen von Peugeot, Fiat und Citroën darauf achten muss, dass spätestens bei 80.000 Kilometern bzw. nach fünf Jahren der Antriebsriemen ausgetauscht werden muss. Als Herz ist meist ein Dieselmotor eingebaut. Der Kundendienst ist jedoch mit erheblichen Kosten verbunden, da hierbei auch gleich die Wasserpumpe getauscht wird. Wird der Service nicht durchgeführt, muss man mit einem kapitalen Motorschaden rechnen.

Allgemein ist bei Gebrauchtwagen jedoch zu beachten, dass die Kilometeranzahl für den Verkauf nicht selten manipuliert wird. Ich empfehle unbedingt eine Garantieverpflichtung durch den Händler oder aber eine Rückfrage bei der Werkstatt, die den letzten Kundendienst durchgeführt hat. Am besten ist es natürlich, den Vorbesitzer zu konsultieren. Er wird Ihnen gerne darüber Auskunft erteilen, schließlich hat er das Fahrzeug ja bereits an den Händler verkauft.

Bei Fahrzeugen, die in der Schweiz angeboten werden, muss man wissen, dass es keine Angaben über die

Vorbesitzer gibt. So manches Fahrzeug wird mit einem Wechselkennzeichen gefahren. Bei Nichtbenutzung steht es normalerweise ohne Kennzeichen auf dem Hof. Hier ist Vorsicht geboten.

Werden die Vorbesitzer nicht genannt, könnten es durchaus auch mal ein paar mehr sein, als Ihnen der Händler versichert.

Gebrauchte Fahrzeuge, die aus südlichen Ländern kommen, sind mit größter Vorsicht zu betrachten. Angaben über den Kilometerstand oder die Anzahl der Vorbesitzer stammen oft aus dem Reich der Fantasie.

Aber auch in Deutschland und anderen europäischen Ländern gibt es sogenannte »Tacho-Manipulierer«. Diese sind mit modernsten Geräten ausgestattet und passen die Kilometerstandanzeige wunschgemäß an. Ganze Fahrtenbücher erhalten eine neue Legende, Kundendiensthefte werden gefälscht. Auf diese Weise kann aus einem Leihwagen schnell ein gepflegter Privatwagen werden, der statt 100.000 Kilometern 20.000 auf dem Tacho hat.

Also nochmals, es ist größte Vorsicht geboten!

Aber ich hatte Glück, mein Händler nannte mir freiwillig den Vorbesitzer und er übernahm auch die Aufgabe, eine seriöse Leasingfirma zu finden. Schon nach drei weiteren Tagen erhielt ich die Verträge. Ich war sehr glücklich und konnte es kaum fassen. Sechs Meter maß das Fahrzeug in der Länge, den Fahrradträger nicht mitgerechnet. Ein großes Vorzelt gehörte ebenfalls dazu.

Mein Händler überreichte mir einen dicken Zubehörkatalog, ganze 600 Seiten zählte das Werk. Ich begann zu blättern und musste feststellen, dass es vieles gab, was ich bisher noch nicht kannte. Nach eineinhalb Stunden stellte ich jedoch fest, dass ich das alles nicht wirklich brauchte, da die wichtigsten Dinge schon in und am Fahrzeug vorhanden waren. Alles, was ich für meine Reisen benötigte, war bereits eingebaut: ein ordentliches Bett, ein geräumiges Bad, eine Heizung, die viel Wärme versprach, sowie eine Küche, in der ich mich austoben konnte. Allerdings musste ich mir eingestehen, dass meine Kochkünste noch verbesserungswürdig waren. Aber ich war im Besitz eines Dosenöffners und im Fahrzeug befand sich ein Kühlschrank in Stehhöhe. Hier war genug Platz für die Notration, um das Überleben zu sichern. Eier, Speck und Butter – Grundnahrungsmittel, meiner Ansicht nach. Die Wasserflaschen, der Wein und das lebensnotwendige Bier sollten im dafür vorgesehenen Stauraum untergebracht werden.

Noch hatte ich den Wagen allerdings nicht. Eine weitere Woche verging, denn die Kennzeichen mussten noch montiert werden. Außerdem waren die Gasflaschen noch unterzubringen.

Das mit den Gasflaschen stellte sich übrigens als interessantes und kompliziertes Spiel heraus. Ich stellte fest, dass es in jedem Land andere Flaschen, Preise und Verschlüsse gibt. Die Anschlussgewinde sind nicht europäisch genormt und man benötigt einen Adapter. Da haben die Herren in Brüssel vielleicht einiges verschlafen. Könnte es sein, dass sie ein Luxushotel bevorzugen?

Die Tage verflogen, und dann hieß es plötzlich: »Sie können das Fahrzeug morgen abholen. Die neuen Kennzeichen haben wir heute befestigt!«

Ich nutzte den Tag, um noch einmal den Baumarkt anzusteuern. Kabelrolle, Eurostecker, Flaschenadapter waren zu besorgen – und nicht zu vergessen: Batterien für die Taschenlampe, falls mal gar nichts mehr ging.

Die notwendigen Kochutensilien zweigte ich vom Haushalt meiner Tochter ab. Dann war ich schon recht gut ausgestattet. Gewürze und die richtige Kaffeesorte besorgte ich im Supermarkt. Eine Bordapotheke, den Werkzeugkoffer und etliches an Kleinzeug wollte ich in einer großen Tupper-Kiste unter dem Bett des Fahrzeuges verstauen.

Ich hatte bereits genaue Pläne für meine erste Reise geschmiedet. Da ich geschäftlich in München zu tun hatte, bot es sich an, mit dem Wohnmobil dorthin zu fahren. Die Reise sollte in Basel beginnen, es waren also nur ungefähr 400 Kilometer. Ich kannte die Strecke schon beinahe im Schlaf. Nur diesmal wollte ich die Fahrt genießen und mit Sicherheit einige Pausen einlegen, um meinen Tisch im Wohnmobil einzuweihen.

Dann kam der Übergabetermin, es war leider auch Zahltag. Pünktlich sollte ich beim Händler sein und mindestens zwei Stunden Zeit mitbringen. Als ich eintraf, stand mein neues Fahrzeug gewaschen und gewienert zur Abholung bereit.

Mario, der zuständige Fachverkäufer, erklärte mir die wichtigsten Dinge, die zu beachten waren. Zuerst zeigte er mir, wie das Wasser nachzufüllen und abzulassen ist.

»Ein Camping-WC war für mich immer ein Rätsel«, gab ich zu. »Wie soll das funktionieren?« Aber Mario beruhigte mich: »Einen halben Liter Wasser in den Behälter füllen und die dazugehörige Flüssigkeit dazugeben, mehr ist nicht zu tun. Nur auf das kleine Licht müssen Sie achten. Es zeigt Ihnen rechtzeitig an, wenn Sie eine Entsorgungsstelle aufsuchen müssen.« Mario erklärte außerdem, wie die notwendige Reinigung vonstattenging. Alles war viel einfacher, als ich vermutet hatte.

Komplizierter wurden seine Ausführungen aber dann, als wir auf das Heizsystem zu sprechen kamen. Etliche Dinge waren zu beachten. Schalter und Hähne, Anschlüsse und Hebel mussten genau so, wie erklärt, bedient werden. »Falsche Handhabung führt unweigerlich zu einem Schaden«, warnte Mario.

Da die Nachttemperatur in manchen Gegenden bereits die Nullgradgrenze erreichte, empfahl Mario, besser das Wasser abzulassen. Schließlich hatten wir inzwischen November. Der Wetterbericht sprach schon öfter von Nachtfrösten.

Fachleute unter Ihnen werden wissen, dass dies nicht einfach im Handumdrehen zu bewerkstelligen ist. Es bedarf einer umständlichen Prozedur. Aber ich hatte es verstanden.

Mario meinte: »Haben Sie keine Scheu, mich anzurufen, egal, wo Sie sich gerade befinden!« Ich bekam seine Visitenkarte, auf der eine Telefonnummer und die Öffnungszeiten standen. Ich wusste nun also, wo und wann ich ihn erreichen konnte.

Inzwischen war es bitterkalt draußen und Mario zeigte mir nun voller Stolz, wie eine Wohnmobilheizung eingeschaltet wird und wie leicht sie zu bedienen ist. Tatsächlich strömte aus den vorhandenen Öffnungen sehr warme Luft. Nach zehn Minuten hatte sich der Innenraum bereits auf über 20 Grad erwärmt.

Nach gut zwei Stunden der Beratung hatten wir endlich alles durchgesprochen. Ich hielt die Visitenkarte von Mario fest in der Hand. Dann war es so weit und er meinte lachend: »Hier sind Ihre Schlüssel und jetzt wünsche ich Ihnen eine schöne Reise!«

Dann setzte ich mich ans Steuer. Das leise Dieselflüstern kannte ich ja schon von meinem Alltagswagen. Ich trat die Kupplung, legte den Gang ein und schlich vorsichtig vom Platz.

Schon nach den ersten Metern war ich von der leichten Handhabung überrascht. Mein Wohnmobil-Kastenwagen fuhr sich kaum anders als mein Alltagswagen.

Mein erster Weg führte mich an eine Tankstelle. Nun sollte ich erfahren, dass Diesel in der Schweiz extrem teuer ist. Die Schweizer meinen, dass die Luft durch Dieselabgase sehr belastet wird, und das kostet eben. Aber okay, meine nächste Tankfüllung wollte ich in Österreich bunkern.

Meine erste Reise mit dem Wohnmobil

Am darauffolgenden Morgen sollte das Fahrzeug beladen werden, die vorhandenen Schränke wurden mit Klamotten, Dosen und ein paar Flaschen guten Weines gefüllt.

Eine neue Gasflasche wurde installiert und ich hoffte sehr auf warme Nächte mit meiner Truma-Combi-4-Heizung.

Wie bereits erwähnt, hatte ich vor, mit dem Wohnmobil Richtung München zu fahren. Ich wollte auf dem Campingplatz des Grafen Toerring am Pilsensee übernachten. Ein Fünf-Sterne-Platz, wie auf der Website zu lesen war. Einige Nächte wollte ich dort ausharren.

Im Internet war zu lesen, die nächste S-Bahn-Haltestelle läge gleich um die Ecke. »Um die Ecke« bedeutete in diesem Fall jedoch, dass ein Spaziergang von etwa 20 Minuten anstand, wenn ich vom Campingplatz aus nach München fahren wollte. Aber was waren schon 20 Minuten, wenn man genug Zeit hatte?

Der Tag der Abreise verlief ziemlich unspektakulär. Nach kurzem Winken war ich schon um die Ecke und die Fahrt konnte beginnen. Bereits nach einer Stunde fühlte ich mich in meinem Wohnmobil schon sehr wohl. Größe und Länge des Fahrzeugs stellten kein Problem dar.

Meine Route führte mich über St. Gallen nach Rorschach. Dort wechselte ich von der Autobahn auf die Landstraße und fuhr ein Stück am Bodensee entlang. Leider war der Seezugang an den meisten Stellen von Anrainern zugebaut. So musste ich meine erste Pause verschieben. Bregenz folgte und dann war ich auch schon an Lindau vorbei. Jetzt wurde es aber wirklich Zeit, mal eine Rast einzulegen.

So geschah es auch. Ich setzte mich an meinen gemütlichen Tisch, schob eine CD in den Schacht, genoss meine Bordverpflegung und dann konnte der Urlaub beginnen.

Bald gesellte sich ein weiterer Camper mit seinem Fahrzeug an meine Seite. Eine kurze Begrüßung, das war es schon. Wenn ich es richtig erkannte, hielt er seinen verdienten Mittagsschlaf. Auch er war alleine unterwegs.

Nach Beendigung meiner Rast fuhr ich weiter. Gegen vier Uhr erreichte ich Seefeld am Pilsensee, wo mein Standplatz für die nächsten Tage sein sollte. Schnell erkannte ich, dass hier zu dieser Jahreszeit hauptsächlich Dauercamper residierten.

Der Platzwart teilte mir einen Platz unter einem Tannenbaum zu. »Sehr romantisch«, meinte er. Während ich den Stromanschluss bezahlte, sagte er noch schnell: »Das Wasser haben wir wegen des Nachtfrostes bereits abgestellt.« Wie gut, dass ich eine Gießkanne mit mir führte.

Aber dann wurde es wirklich ernst mit dem Wohnen in meinem Wohnmobil. Langsam begann ich, ein System in mein doch recht enges Fahrzeug zu bekommen.

Außerdem wurde es Zeit, an das Abendessen zu denken. Leider war das Restaurant am Platz bereits geschlossen, schließlich war ja keine Saison mehr. So musste ich tatsächlich selbst mit dem Tischdecken beginnen.

Dann nahm ich erst einmal einen kräftigen Schluck Bier – ein Muss für einen richtigen Camper. Anschließend konnte ich immer noch zu meinem guten Wein wechseln.

Durch die großen Seitenfenster beobachtete ich das Treiben auf dem Platz. Was dort vor sich ging, hielt sich allerdings in Grenzen. Hin und wieder sah ich jemanden in Richtung der Waschräume gehen, ein anderer kam vom Platzwart mit einer neuen Gasflasche in der Hand. Mehr tat sich eigentlich nicht. Ich hörte Stimmen aus einem anderen Wohnwagen, dort lief gerade der Fernseher. Dem lauten Stimmengewirr nach musste es ein Krimi sein. Aus einem weiteren in der Nähe stehenden Wohnwagen hörte ich fröhliche Lieder. Rundum eine gemütliche Atmosphäre.

Ich suchte die Waschräume auf und dann machte ich es mir auf meiner Wohnmobil-Bettstätte gemütlich. Die Heizung war auf Stufe drei und im Fahrzeug herrschte ein leicht überschlagenes Klima. Zum Einschlafen schob ich noch eine CD in den Schacht und blätterte ein wenig in den Unterlagen der Betriebsanleitung. Mehr war nicht mehr notwendig, um mich vom Schlaf übermannen zu lassen.

Die erste Nacht verlief eigentlich auch nicht anders als andere Nächte. Ich schlief tief und fest wie ein Bär, in warme Decken gehüllt.

Als ich am Morgen zum Duschen ging, musste ich einen kleinen Weg überqueren. Es waren Einzelkabinen vorhanden, was ich als sehr angenehm empfand. Mit einem Euro war ich dann für vier Minuten dabei. Wie gut, dass ich zufällig einige Münzen eingesteckt hatte. So hatte ich Glück, sonst hätte ich auf das Duschen verzichten müssen.

Da ich ja nicht nur zum Vergnügen unterwegs war, wollte ich mir vom gesamten Campingplatz einen Eindruck verschaffen. Oft ist es nicht von Nachteil, wenn man ein touristisches Objekt in der Nachsaison besichtigt. So konnte ich beispielsweise feststellen, dass etwa die Hälfte der hier abgestellten Wohnwagen tatsächlich Dauercamper waren. Die Anlage hatte etwas von einem Schrebergarten, zumindest empfand ich es so.

Einige der Anhänger waren weit über das Verfallsdatum hinaus. An den TÜV verschwendete hier keiner einen Gedanken. Die Hänger wurden wohl von hier direkt in die Entsorgung verschickt. Allein der Gedanke, welch strenger Geruch in diesen Behausungen wohl herrschte, ließ mich erschaudern.

Dann aber entdeckte ich ein Neufahrzeug, das wohl erst kürzlich in Betrieb genommen worden war. Es war mit allen Schikanen ausgestattet, selbstverständlich auch mit Vorzelt und Sat-Anlage. Ein angenehmer Anblick.

Direkt am Pilsensee lagen die Standplätze für Feriengäste. Diese waren im Moment aber leer, da die Campingsaison vorbei war. Nur ein Bauarbeiter und ein paar andere Personen waren zu sehen, aber keine Feriengäste. Wie ausgestorben lag die Anlage am See.

Das Restaurant und der Einkaufsshop waren seit vier Wochen verwaist.

Allein der Platzwart war noch anwesend. Er wirkte ziemlich gestresst, da sein Internet nicht richtig funktionierte. Auf die Frage, ob er mir einen Internetzugang beschaffen könne, kassierte er direkt 2,50 Euro für eine Stunde.

Kaum hatte er das Geld eingesackt, meinte er, es könne vielleicht sein, dass das Internet gar nicht funktioniere. In diesem Fall könne ich das Geld bei der Verwaltung zurückverlangen. Dabei hielt er es noch in der Hand.

Wie angekündigt, funktionierte das Internet nicht, der Zugang blieb gestört. Als ich nach weiteren 20 Minuten um die Rückzahlung des Betrages bat, verwies er mich erneut auf die Verwaltung im nahe gelegenen Schloss. Schade, leider nicht die feine Art.

Am nächsten Morgen wurde er von einem Kollegen abgelöst, was ich sehr angenehm fand.

In der folgenden Nacht fiel meine Heizung aus. Wie sich herausstellen sollte, war die mitgenommene Gasflasche bereits am vierten Tag leer. So lernte ich schnell, an was man alles denken musste. Wie gut, dass ich alleine reiste, so gab es nur einen Leidenden.

Allerdings bemerkte ich dann, dass mein in Basel georderter Zwischenstecker für deutsche Flaschensysteme wohl im Verkaufsshop liegen geblieben war. Man sollte sich eben nicht hetzen lassen. Mario hatte den Laden schließen wollen und auf die Abrechnung gedrängt. Alles war sehr hektisch gewesen, und so musste ich nun eben frieren.

Wie gut, dass ich zusätzlich einen Elektroradiator mitgenommen hatte, der mir die folgenden Tage bis zur Weiterfahrt die notwendige Wärme liefern sollte. So war ich also gerettet! Es war ja nur eine erste Testfahrt, auf der ich feststellen wollte, was noch an Bord fehlte, bevor ich auf große Fahrt ging. Ich vermisste außerdem eine Mikrowelle, einen Kocher für heißes Wasser und etliche Kleinigkeiten, die ich alle auf eine Liste setzte, um sie später zu besorgen.

Ich fuhr nach München und kaufte mir die neuesten Straßenkarten mit eingetragenen Campingplätzen. Zwei dicke ADAC-Campingführer erwarb ich ebenfalls. So war ich gut für meine weiteren Reisen gerüstet.

Am fünften Tag wachte ich völlig entspannt in meinem bequemen Wohnmobilbett auf. Durch das Dachfenster konnte ich eine Kiefer sehen. Wie ruhig und friedlich doch alles war. Ich ließ meine Gedanken noch eine Weile kreisen. Doch dann fiel mir plötzlich ein, dass ich ja nochmals nach München musste.

So schnappte ich mir mein Handtuch samt Badebeutel, um den Duschraum des Campingplatzes aufzusuchen. Hier war ich wieder allein. Anscheinend hatten sich die wenigen anderen Gäste für später verabredet. Ich schob einen Euro in den Münzautomaten, dann floss auch schon das heiße Wasser. Nach vier Minuten konnte man noch mal nachladen, dann verlängerte sich die Zeit um weitere vier Minuten. Ich stellte fest, dass der Duschkopf mal entkalkt werden sollte. Aber was machte das schon? Ein bisschen Sport konnte ja nicht schaden! Und ich sprang, um jeden Wassertropfen zu erwischen, unter den Strahlen hin und her.

Als ich am Abend von meinem Stadtausflug zurückkehrte, sah ich schon von Weitem leuchtende Laternen auf dem Campingplatz. Natürlich war es mir nicht entgangen, dass seit einigen Tagen ein Weihnachtsmarkt aufgebaut wurde. Am Wochenende sollte dann Punsch und anderes Hochprozentiges gegen ein kleines Entgelt angeboten werden. So hatte ich nun die Gelegenheit, andere Camperkollegen kennenzulernen.

Es war ein sympathisches und nettes Völkchen, eigentlich nicht anders, als ich es erwartet hatte. Alle waren miteinander per Du.

»Gib ihm mal einen Punsch!«, meinte ein älterer Herr zum Mundschenk und deutete in meine Richtung. Er erklärte mir sogleich, dass er ebenfalls ein Fan von Wohnmobilen sei. Nach weiteren fünf Minuten kannte ich sein Camperleben in allen Details.

Seit einem Jahr hatte er hier einen festen Standplatz. Das Umherfahren sei für ihn nichts mehr, meinte er, da es ihm zu anstrengend geworden sei. Nun hatte er seinen Camper auf dem Platz stehen und verbrachte fast jedes Wochenende hier, wo man einen herrlichen Blick auf den See hatte. Seine Frau war nicht immer beim Campen dabei, da sie bei den frostigen Temperaturen die warme Stube in München bevorzugte.

Schnell bildeten sich einige Grüppchen und man berichtete sich gegenseitig von den letzten Fahrten. Punsch wurde nachgefasst und es kamen immer neue Camper hinzu. Fast alle Besucher waren extra aus München angereist, um dabei zu sein.

Es war übrigens lustig zu beobachten, dass die Damen der Zunft meist unter sich blieben. Ich hörte auch, dass sie eher über die Weihnachtsplätzchen diskutierten, während die Männer über die neuesten Zubehörstücke für ihren Camper redeten.

Dann begann eine Diskussion, ob man nicht für die nächste Saison den Stellplatz etwas näher an den See heranrücken könnte. Der Platzwart kündigte jedoch Bauarbeiten an, es müssten neue Entsorgungsleitungen verlegt werden. Erst danach könnte man Weiteres bereden, informierte er seine Schäfchen.

Ich entschloss mich, langsam den Rückzug anzutreten. Zwei Becher Punsch waren genug für mich, schließlich wollte ich ja den nächsten Tag nicht mit einem dicken Schädel beginnen.

Am folgenden Morgen machte ich eine Wanderung um den See, dann war mein Aufenthalt auf diesem Campingplatz auch schon wieder vorbei. Ich hatte vor, wieder nach Basel zurückzufahren. Von dort aus wollte ich dann eine größere Reise beginnen. In Basel hatte ich einen festen Stellplatz mit Stromanschluss. Meine Enkel meinten, sie würden das Fahrzeug bewachen, wenn ich mal nicht in der Nähe war. Das hatten sie fest versprochen. Vielleicht spielten sie ja auch mit dem Gedanken, ein kleines Fest darin zu veranstalten, und sei es nur, um einen gemütlichen Fernsehabend mit ihren Freundinnen zu genießen.

Gegen neun Uhr traf ich den Platzwart, um meine Abrechnung in Empfang zu nehmen. Die Stromrechnung war noch zu begleichen und dann sollte es losgehen.

Ein freundlicher Herr, der mitbekommen hatte, dass ich ein »Frischling« war, gab mir den Rat, doch auf der Rückreise einen Abstecher nach Sulzemoos zu machen. Dort befände sich das größte Caravaning-Handelszentrum Deutschlands: der Freistaat Caravaning & More. Es gäbe dort einen großen Zubehörhandel und man könne mit anderen Campern Erfahrungen austauschen. Eine Würstelbude gäbe es ebenfalls. Außerdem könne man auf dem riesigen Ausstellungsgelände etwa 500 Fahrzeuge besichtigen. Alle bekannten Hersteller wären dort anzutreffen. Da müsse man einfach hin!

Also auf nach Sulzemoos! Nach ungefähr einer halben Stunde Fahrt konnte ich bereits von Weitem die große Ausstellung der Fahrzeuge sehen. So war es eigentlich nicht mehr notwendig, auch noch der deutlichen Beschilderung zu folgen. Ich fuhr einfach den Weg entlang und kam direkt bei den Parkplätzen an. Es war fantastisch, so viele Wohnmobile auf einem Platz versammelt zu sehen. Die zahlreichen Neufahrzeuge luden förmlich zur Besichtigung ein.

Ich folgte einem Wegweiser zum Shop und betrat eine riesige Halle, in der sich nur wenige Personen tummelten, da es noch sehr früh am Morgen war.

Ein freundlicher Herr bot seine Hilfe an und ich erkundigte mich nach einem Kompressor für die Stromerzeugung. Denn eines hatte ich inzwischen erfahren müssen: Ohne einen Stromanschluss war man ziemlich aufgeschmissen. Der Rat eines Freundes, einfach den Wagen laufen zu lassen, schien der falsche Weg zu sein. Erstens war es Umweltverschmutzung, zweitens reichte es bei Weitem nicht aus, um die richtige Stromspannung zu erhalten. So erklärte mir der Fachverkäufer, dass hierfür ein Honda-700-Generator das richtige Gerät sei. Ein Blick auf die Preisliste verriet mir, dass ich mit etwa 800 Euro dabei war.

»Das Gerät tuckert leise mit Normalbenzin vor sich hin«, berichtete der Fachverkäufer. Es gab auch Geräte, die mit Diesel betrieben wurden. Aber diese waren größer und teurer. Das musste also nicht sein. Außerdem war der Dieselgeruch bei ungünstigem Wind störend.

Ein Herr, den anscheinend die gleichen Sorgen plagten, gesellte sich hinzu. Schnell entstand eine kleine Gesprächsrunde. Er nannte nur seinen Vornamen: Henning. Ich stellte mich natürlich ebenfalls mit meinem Vornamen vor.

Wir gingen gemeinsam in das Restaurant auf dem Gelände, um uns einen leckeren Cappuccino zu holen. Henning hatte sich vor wenigen Tagen einen ausgebauten Kastenwagen zugelegt. Einen Pössl, nagelneu, wie er betonte. Er wollte mir natürlich auch seinen Neuerwerb zeigen. Ein Vorführwagen des gleichen Typs stand auf dem Freigelände.

Erfreut stellte ich fest, dass mein Adria-Kastenwagen diesem Fahrzeug sehr ähnlich war. Henning hatte sich für einen Citroën entschieden, da er meinte, dass der Motor schon etwas moderner sei. Ich gestand ihm, dass ich noch kein Fachmann sei. Aber nach allem, was ich über diese Fahrzeuge gehört hatte, schien es wohl eine gute Entscheidung zu sein.

Dann wollte er natürlich wissen, mit welchem Fahrzeug ich unterwegs war.

»Auch ein Kastenwagen«, antwortete ich. »Aber es ist ein Modell von Adria. Gerade mal drei Jahre gebraucht, aber absolut wie neu. Nur wenige Kilometer und alle Kundendienste sind bestätigt.«

Gleich neben dem Pössl entdeckte ich ein Fahrzeug mit einem Hubbett. So etwas hatte ich bis dato noch nicht gesehen. Ich war begeistert von dieser ausgeklügelten Technik. Schon ertappte ich mich bei dem Gedanken, dass ich zukünftig anders entscheiden würde. Ein Hubbett würde viele Vorteile bringen.

Auf dem Weg zurück ins Restaurant kamen Henning und ich an einem Hymer-Wohnmobil vorbei. Fast acht Meter maß das Fahrzeug, aber ich musste zugeben, dass es kaum Wünsche offen ließ. Bei diesem Fahrzeug war wirklich alles an Bord, sogar eine Bratröhre. Allerdings schreckte der Preis ab. Es war einfach eine andere Kategorie, das musste ich erkennen.

Henning und ich saßen noch eine Weile gemütlich beisammen. Wir fachsimpelten über die PS unserer Fahrzeuge sowie über die Raumaufteilung und vergaßen dabei schnell die Zeit.

Ein weiterer Gast gesellte sich zu uns. Er hieß Heinz und berichtete, dass er seit sieben Jahren mit dem Wohnmobil unterwegs sei. Das Ziel seiner bisher weitesten Reise war Istanbul. Ganz alleine habe er sich auf den Weg gemacht, nicht im Konvoi, betonte er stolz.

Ich erklärte, dass ich gerne mal nach Marokko fahren würde, aber für diese Reise würde ich mich tatsächlich lieber einem Konvoi anschließen. Der Vorteil von organisierten Touren war natürlich, dass man sich keine Sorgen machen musste.

Heinz begann, von seiner Spanienreise zu erzählen, und kam ins Schwärmen. Valencia, Granada und Gibraltar, anschließend sei er noch für einen Kurztrip an die Algarve gefahren. Ganz stolz erzählte er, dass er immer seine Golfschläger dabei hätte. Hauptsächlich habe er es auf die schönen und bekannten Golfplätze abgesehen.

Inzwischen hatten wir die Zeit natürlich vollkommen vergessen. Ein Blick auf die Uhr genügte, um zu wissen, dass ich nun weiter musste. Noch ein Stamperl Feigling zum Abschied, dann zog ich los. Wir versprachen uns, telefonisch in Kontakt zu bleiben.

»Vielleicht treffen wir uns ja mal auf einem spanischen Golfplatz wieder?«, meinte ich zu Heinz. »Du erkennst mich am schlechten Spiel!«

Auch Heinz musste unbedingt weiter, sein Ziel für den heutigen Tag war Frankfurt. Und ich wollte eigentlich längst auf der Autobahn sein!

Henning begleitete mich noch zu meinem Fahrzeug und berichtete, dass er zeitweise alleine fuhr. Seine Frau wollte sich mehr um den Garten kümmern, wie sie ihm erklärte.

Auf dem Weg zum Parkplatz gab mir Henning noch einen wichtigen Tipp für meine späteren Reisen: »In Frankreich findet man günstige Standplätze unter der Bezeichnung ›Municipal‹. Am besten kaufst du dir eine Michelin-Karte, dort sind alle Municipal-Plätze verzeichnet.«

Dieser Tipp war sicher Gold wert. Wir verabschiedeten uns und tauschten noch die Adressen aus, vielleicht sah man sich ja auf irgendeinem Platz in Europa wieder.

Der Weg zur nahe gelegenen Autobahn führte mich nochmals an allen ausgestellten Fahrzeugen vorbei. Es wäre für mich viel einfacher gewesen, hätte ich das Handelszentrum »Der Freistaat« schon früher gekannt. Ich bin mir ganz sicher, dass ich hier mein Wunschfahrzeug gefunden hätte. Und das mit der Finanzierung hätte man hier sicher auch in den Griff bekommen. Schade, aber ich war einfach zu selten in dieser Gegend unterwegs, so hatte ich diese Möglichkeit übersehen.

Bereits nach einigen Minuten auf der Autobahn Richtung Stuttgart musste ich feststellen, dass im Baustellenbereich – Baustellen gab es hier reichlich – ein Überholen ziemlich unangenehm war. Schnell kam man recht dicht an einen Lkw heran. Begann dieser dann auch noch zu schlingern, wurde es sehr eng auf der linken Fahrspur. So reihte ich mich in die Schlange der Lastwagen ein, um das Risiko in Grenzen zu halten.

Zwischenzeitlich hatte ich mich schon an mein Reisetempo gewöhnt. Manchmal erwischte ich mich dabei, zu einem Überholmanöver anzusetzen, das eigentlich keine Aussicht auf Erfolg hatte. Einen Versuch schien es mir wert zu sein, aber mein Wagen war eben einfach zu langsam. Spätestens bei 130 verließen ihn die Kräfte. Aber es hieß ja auch »Wohnmobilreisen« und nicht »Wohnmobilrasen«.

Bei der nächsten Raststelle wollte ich eine Pause einlegen und dann war auch Tanken angesagt. Seit meinem Stopp in Sulzemoos hatte ich beinahe 200 Kilometer zurückgelegt. Es war also Zeit für eine Erfrischung. Seit Jahren hatte ich es mir zur Gewohnheit gemacht, alle zwei Stunden eine kleine Pause einzulegen, um mir kurz die Beine zu vertreten und einen Schluck Wasser zu trinken.

Mein Reiserechner machte mir deutlich, dass ich bei einem Durchschnittsverbrauch von 10,5 Litern lag. In meinen Werbeunterlagen war etwas von sieben Litern zu lesen. Zugegeben, vielleicht hatte ich den Wagen zu sehr gescheucht, und das mochte er wohl nicht.

Als ich an der Kasse fast 110 Euro hinlegen musste, blieb mir erst mal das Frühstück im Halse stecken. So nahm ich mir fest vor, zukünftig auf die Tachonadel zu achten und 110 Stundenkilometer nicht zu überschreiten. Schließlich war das ja auch eine schöne und zügige Reisegeschwindigkeit.

Nach einer ausgiebigen Kaffeepause setzte ich meine Fahrt fort. Tatsächlich mochte mein Wagen die nun festgelegte Geschwindigkeit lieber. Erst nach über 100 Kilometern senkte sich der Zeiger der Benzinuhr um einige Millimeter. So war es gut.

Inzwischen befand ich mich kurz vor Stuttgart. Nach weiteren 45 Minuten war ich an Karlsruhe vorbei und sah nun den ersten Hinweis auf Straßburg. Seltsam, warum tauchte gerade jetzt Henning in meinen Gedanken auf? Seine Worte: »In Frankreich findet man günstige Standplätze unter der Bezeichnung ›Municipal‹.«

Meine Gedanken schlugen Purzelbäume. Warum sagte mir jetzt ein kleines Teufelchen etwas von Paris ins Ohr?

Aber warum eigentlich nicht Paris? Es wäre ein Umweg, klar, aber mit dem Wohnmobil würde das ja kein Problem sein. Zeitlich ebenfalls nicht. Na ja, drei, vier Tage würde ich schon bleiben ...

Frühere Erlebnisse tauchten in meiner Erinnerung auf. Es war im Jahr 2009, als ich mit meiner Frau in einem sehr zentralen Hotel übernachtete. Wir besuchten die Einrichtungsmesse und einige Freunde schlossen sich unserer Reise an. Eine Woche genossen wir Paris. Es war eine unvergessliche Zeit.

Jetzt tauchten die ersten Hinweisschilder am Horizont auf: Straßburg, Metz ... Und dann setzte ich auch schon den Blinker. Beim Blick auf die Uhr stellte ich fest, dass ich höchstens noch eine Stunde fahren wollte. Bei Einbruch der Dämmerung begann ich auf all meinen Reisen, an eine Übernachtungsmöglichkeit zu denken. Aber diesmal benötigte ich kein Hotel, ich hatte es ja bei mir. Wie ein Schneckenhaus begleitete es mich. Es beschützte mich vor Schnee und Eis und würde mir für die Nacht eine angenehme Bleibe sein.

Ich suchte nach einem Rastplatz, um mir die Straßenkarte anzusehen. Kurz vor Metz wollte ich einen Platz ansteuern, auf dem ich die Nacht über verweilen konnte. Ich wollte mir auf einem großen Parkplatz ein ruhiges Plätzchen suchen. Am besten natürlich im Schutz einer Raststelle. Dann fiel mir ein, dass ich ja noch einige Kleinigkeiten einkaufen musste, denn zu essen und zu trinken hatte ich nichts mehr dabei.

Ich hielt an der Mautstelle Saint-Avold. Auf der großen, übersichtlichen Tafel war auch ein Hinweis auf die folgende Raststelle zu finden. Noch drei Kilometer, dann würde ich es mir für die Nacht gemütlich machen.

Ich parkte den Wagen an einer großen Tankstelle, wo ich einen Hinweis auf Gasflaschen entdeckte. Der zuständige Servicemann hatte auch den notwendigen Zwischenstecker. Bei der Montage war er behilflich und erhielt natürlich ein entsprechendes Trinkgeld. Hier wollte ich die Nacht über bleiben. Ich schaltete meine Heizung ein und kaufte mir noch ein leckeres Abendessen im Shop. Später wollte ich meine Sat-Anlage testen. Vielleicht funktionierte sie ja und ich würde eine schöne Überraschung erleben. Mit einigen Getränken und einer Pizza in der Hand ging ich zurück zu meinem »Wohnklo«. Ich musste über den Ausdruck lachen. Aber zugegeben, so ganz unrecht hatte meine Frau mit dieser Bezeichnung nicht, war doch tatsächlich alles sehr dicht beieinander.

Der Tisch war gedeckt, die Heizung lief perfekt und dann schaltete ich die automatische Anlage ein. Die Antenne begann sich aufzurichten, bewegte sich im Kreis und suchte einen empfangsbereiten Satelliten. Es dauerte, sodass ich schon fast zu der Einsicht gelangte, in einem empfangsfreien Raum geparkt zu haben. Aber dann tauchten plötzlich, wie aus heiterem Himmel, Personen auf meinem Bildschirm auf. RTL – na ja, besser als nichts. Ich schaltete ein wenig hin und her, bis ich dann irgendwann ARD im Kasten hatte.

In meiner großen Sammlung von Straßenkarten und Unterlagen suchte ich nach Beschreibungen von Paris. Tatsächlich hatte ich einen Stadtplan dabei. Aber ich fand auch einen Prospekt des Hotels, in dem meine Frau und ich 2009 gewohnt hatten. Es war das Hotel Montaigne in der Avenue Montaigne 6. Erst jetzt erkannte ich, dass es vier Sterne aufwies. Das hatte ich allerdings anders in Erinnerung. Ich dachte immer, dass es drei oder sogar nur zwei Sterne waren.

Aber egal, es lag traumhaft, gleich neben Dior und nur drei Häuser entfernt von der Luxuswohnung Marlene Dietrichs. Alle bekannten Modehäuser waren hier anzutreffen. Meine Frau konnte sich damals gar nicht von den Schaufenstern losreißen. Fast gegenüber befand sich das weltberühmte Hotel Plaza Athénée, ein Grandhotel der Weltklasse. Hier stand nicht nur ein Rolls-Royce, meist waren es gleich mehrere.

Über diesen Gedanken begann ich müde zu werden. Ich beschloss, ab morgen im Hotel Montaigne zu übernachten und dort drei Tage zu bleiben. Hoffentlich gab es ein freies Zimmer … Und wenn nicht, dann blieb mir ja immer noch mein »Wohnklo«. Aber wo sollte ich dort parken? Sie würden nicht erlauben, dass ich mein Fahrzeug vor dem Hotel abstelle. Über diesen Gedanken musste ich eingeschlafen sein.

Am nächsten Morgen ging ich zur Tankstelle und bat den freundlichen Herrn an der Kasse, für mich im Hotel anzurufen. Zuerst zeigte er keine große Begeisterung, aber als er den Namen des Hotels sah, begann er zu schwärmen. Nun war es für ihn ein »Muss«, dort für mich anzurufen.

Er begann ein Dauergespräch mit dem Rezeptionisten. Aber er hatte auch Erfolg. Ein Zimmer für vier Tage. Aha, vier Tage. Meinte ich nicht drei?

Egal, es würden schöne Tage werden, da war ich mir sicher. Vielleicht würde ich auch nochmals in das »Crazy Horse« gehen, es lag ja nur wenige Minuten vom Hotel entfernt.

Ich machte mich mit meinem Wohnmobil auf den Weg und war gut in der Zeit. Am späten Nachmittag würde ich in Paris eintreffen. Ich wollte dann einen bewachten Parkplatz suchen, um dort mein Fahrzeug abzustellen. Einige wichtige Dinge und frische Wäsche würde ich in einem kleinen Koffer verstauen und dann ein Taxi zum Hotel nehmen.

Längst war ich an Reims vorbei und jetzt war es nicht mehr weit bis nach Paris. Links und rechts der Autobahn befand sich ein großes Industriegebiet. Ich entdeckte einen Hinweis auf den Flughafen »Paris Charles de Gaulle«. Dann hatte ich einen guten Einfall, der mich auf die richtige Idee brachte.

Hier wollte ich mir einen Parkplatz suchen! Wie auf allen großen Flughäfen würde es auch auf diesem Plätze für Langzeitparker geben, da war ich mir ganz sicher.

Aber bis ich den richtigen Platz tatsächlich gefunden hatte, verging nochmals fast eine Stunde. Dann war noch eine Wegstrecke zu den Taxiständen zurückzulegen. Inzwischen war es halb sechs. Zeit, um ins Hotel zu fahren.

Der freundliche Herr am Empfang blätterte in einem Buch, konnte aber meinen Namen nicht finden. Ich sah selbst hinein und musste lachen, hatte er doch meinen Namen völlig falsch notiert. Ich zeigte ihm meinen Pass – und als er den Namen las, sprach er ihn genau so aus, wie er in seinem Buch stand. Also war alles perfekt.

Er deutete auf den Lift und erklärte mir noch, wo man das Frühstück einnahm. Im Keller, das wusste ich schon von meinem letzten Besuch. Aber ich wollte im Café auf der anderen Straßenseite frühstücken, wie auch schon im Jahr 2009.

Die Zimmer waren klein und hatten den Touch einer vergangenen Epoche. Es war nicht schwierig, sich einen bekannten Schauspieler darin vorzustellen. Das Theater befand sich ja gleich auf der anderen Straßenseite. Das Café im Parterre war schon in so manchem Filmstreifen zu sehen.

Meine Utensilien hatte ich in wenigen Minuten in dem kleinen Schrank verstaut. Es war kalt, ich wollte noch kurz um die Ecke gehen, um mir im »Crazy Horse« Eintrittskarten für den morgigen Abend zu besorgen. Es war zwar keine Saison, aber ich wusste von meinem letzten Besuch, dass Reisegruppen oft den ganzen Saal belegten.

In der Rue François 1 nahm ich einen kleinen Imbiss ein, nur ein Katzensprung vom Hotel entfernt. Inzwischen war es bereits halb elf und es wurde Zeit, einen kleinen Absacker in der Hotelbar zu trinken und dann zu Bett zu gehen.

Meine Liste für den nächsten Tag war endlos. Zuerst wollte ich einen Blick in die Schaufenster der bekannten Modehäuser werfen, dann auf direktem Weg zum Kaufhaus »Lafayette« gehen. Ich machte alles zu Fuß, da sah man am meisten und es machte mir viel Spaß, auch mal einen Blick in die Hinterhöfe der Gebäude zu werfen.

Den Arc de Triomphe zur Linken, den Louvre zur Rechten, so stand ich an der Champs-Élysées. Ein wunderbarer Anblick. All das wäre nicht möglich gewesen ohne mein Wohnmobil, das mich zu diesem Trip angeregt hatte. Niemals wäre ich auf die Idee gekommen, mit meinem Personenwagen einen unvorbereiteten Abstecher nach Paris zu unternehmen.

Am späten Nachmittag war ich vom vielen Laufen fix und fertig. Ich kannte das schon von meinen Reisen in andere Weltmetropolen, wo ich die Viertel ebenfalls zu Fuß durchstreifte. So manchen Absatz samt Sohle hatte ich mir auf diese Art und Weise schon abgelaufen.

Auf dem Rückweg zu meinem Hotel warf ich noch einen Blick auf den beleuchteten Eiffelturm, der wirklich nicht zu übersehen war. Eigentlich hatte ich mir vorgenommen, ihn zu besteigen, aber dazu war es einfach zu kalt.

Den nächsten Tag nutzte ich, um die Kathedrale Notre-Dame zu besuchen, weiter standen noch die Basilika Sacré-Cœur und ein Besuch des Musée Picasso auf meiner Liste.

Dann musste ich allmählich wieder an meine Rückreise denken. Mal abgesehen davon, dass das Zimmer im Hotel ohnehin nicht länger frei war, musste ich ja auch ein Auge auf meine Finanzen werfen. Das Geld zerrinnt einem in Paris zwischen den Fingern.

Es waren schöne Tage. Zum Abschluss brachte mich ein Taxi zum Flughafen, damit ich anschließend mein unversehrtes Wohnmobil besteigen konnte, um die Rückreise anzutreten.

Diesmal wählte ich die Straße Richtung Mulhouse. Dort wollte ich mir Zeit nehmen, um das Bugatti-Museum zu besichtigen. Eine weitere Übernachtung kurz vor Mulhouse war also angebracht, da sonst der Museumsbesuch zeitlich nicht möglich gewesen wäre.

Vor etlichen Jahren hatte ich dieses Museum schon einmal besucht. Auch dieses Mal fand ich es beeindruckend, was die Gebrüder Schlumpf hier alles zusammengetragen hatten. Leider konnten sie es ja bekanntlich nicht behalten. Gleich nebenan befand sich außerdem ein Museum für Fans von alten Eisenbahnen.

Am folgenden Tag war meine kleine Reise leider schon zu Ende und ich schlug den Weg Richtung Basel ein. Gegen Abend traf ich entspannt und erholt dort ein. Das Fahrzeug war kaum geparkt, da begann ich schon, über meine nächste Route nachzudenken. Nach Spanien sollte es gehen, immer der Sonne entgegen, so war es geplant. Das Ziel sollte Mallorca sein, wo meine Frau bereits auf mich wartete.

Die nächsten drei Tage wollte ich in Basel verweilen. Schon am folgenden Morgen führte mich mein Weg zu Ikea. Hier kaufte ich weiteres Zubehör, um zukünftig Ordnung im Fahrzeug zu haben.

Es war doch eine erhebliche Umstellung, verglich man sein »normales« Leben mit dem Wohnen in einem Wohnmobil. Ich musste allerdings zugeben, dass ich hellauf begeistert war von meinem »Zigeunerleben«.

Kleine Plastikbehälter, ein Besteckeinsatz, Brettchen, Geschirr, Besteck und natürlich ein Satz Handtücher wurden besorgt. Eigentlich brauchte ich jetzt nur noch einen Feuerlöscher, die obligatorischen zwei Warndreiecke für Spanien, einen neuen Verbandkasten und dann noch einen weiteren Campingführer.

Nachdem alles besorgt war, konnte es wieder losgehen und ich begann, meine Dinge für die Reise zu sortieren.

Am Abend erhielt ich jedoch einen Anruf von einem Münchner Geschäftsfreund. Er bat mich, wenn irgendwie möglich, nochmals nach München zu kommen. Da ich keinen Zeitdruck hatte, verschob ich kurzerhand meine Reise. Am nächsten Tag nahm ich den Wagen meiner Tochter und machte mich erneut auf den Weg nach München, wo ich mir bereits ein Zimmer im Ibis-Hotel reserviert hatte. Dort war ich Stammgast, deshalb erhielt ich auch einen Spezialpreis.

Schon am frühen Nachmittag kam ich in München an und gegen Abend traf ich meinen Geschäftsfreund. Natürlich war das Wohnmobil unser Gesprächsthema Nummer eins. Er war in der Touristikbranche tätig und erzählte von Reisegesellschaften, die vorwiegend für den Campermarkt arbeiteten.

Natürlich hatte ich von diesem Spezialzweig schon

gehört und wollte auch gleich nach meiner Ankunft in Mallorca einige Kontakte aufnehmen, aber so erfuhr ich aus erster Hand, was in dieser Szene ablief. Wir saßen bis spät in die Nacht an der Bar und redeten über die Zukunft der Camping-Touristik.

Eigentlich wollte ich am nächsten Morgen ohne Frühstück abfahren, aber irgendwie bekam ich plötzlich Appetit auf ein leckeres Buffet. Ich suchte mir einen freien Platz und stellte mir mein Frühstück zusammen.

Zwei Personen setzten sich an den Nebentisch. Vater und Tochter, wie ich erfahren sollte. Ihrem Gespräch, das sie ziemlich laut führten, entnahm ich, dass die beiden in München ein Wohnmobil kaufen wollten. Na, was für ein Zufall!

Die junge Frau, ihr Vater sagte Maite zu ihr, hatte eine Liste mit über 20 Adressen und begann umständlich, auf einem Stadtplan die Straßen zu suchen. Dabei fand sie heraus, dass einige der Anbieter außerhalb der Stadt lagen. Ihr Gesichtsausdruck war mehr als verzweifelt.

Da ich schnell feststellen konnte, dass beide mit ihrem Latein bereits am Ende waren, bot ich gerne meine Hilfe an. Sogleich erhellten sich ihre Gemüter und ihre Augen wurden neugierig. Ich erzählte ihnen natürlich vom Wohnmobilcenter in Sulzemoos.

»Über 500 Fahrzeuge auf einem Platz, das klingt wie ein Traum«, meinte die junge Dame. Erst jetzt sah ich, dass ihr Vater in einem Rollstuhl saß. So fragte ich ganz offen, ob das mit einem Wohnmobil klappen würde.

Dann erfuhr ich die ganze Geschichte. Der Vater, sein Name war Hannes, hatte vor einigen Monaten seine Frau verloren. Sein einziger Wunsch war, nochmals alle Plätze aufzusuchen, an denen sie zusammen viel Freude hatten. Studienplätze, Museen, Urlaubsplätze usw.

Vater und Tochter stammten aus Schweden. Maite war eine typische schwedische Landfrau, wie man sie sich vorstellte. Sie war kräftig, sehr gut aussehend und trug das Herz am richtigen Fleck. Als sie begann, die bevorstehende Reise zu schildern, blieb ein herzhaftes Lachen nicht aus. München sollte eigentlich ihr erster Zielort sein, da hier der Vater vor einem halben Jahrhundert studiert hatte.

Sie wollten für diese Reisen ein Wohnmobil kaufen. Es müsste natürlich noch umgebaut werden, meinte die Tochter, da ihr Vater ja einen Lift für den Rollstuhl brauchte. Die beiden wollten sich mindestens ein halbes Jahr für diese Reise Zeit lassen.

Es interessierte mich, wie sie sich das mit der Behinderung vorstellten. Die Tochter meinte mit einem verschmitzten Lächeln: »Mein Vater ist ein Kämpfer, er wird das durchziehen, da dürfen Sie sicher sein. Aber eines will ich Ihnen noch zur Beruhigung sagen. Wir werden die Wochenenden in einem Luxushotel verbringen. So mit allem Drum und Dran. Dann lassen wir die Wäsche waschen und genießen es, eine halbe Stunde unter der Dusche stehen zu können. Ich werde eine Runde Golf spielen, so kann ich auch mal für mich sein.«

Schon wieder eine Golferin unter Wohnmobilreisenden. Sie hat sicher ein sehr gutes Handicap, dachte ich, als ich ihre kräftigen Arme sah.

Nachdem wir noch einen Cognac zusammen getrunken hatten, bestellte die Tochter ein Taxi, um nach Sulzemoos zu fahren. Ihr Ziel: Der Freistaat.

Gegen Abend erhielt ich eine kurze SMS von ihr: »Es hat geklappt, wir haben uns ein fast neues Hymermobil zugelegt, es wird noch umgebaut! Grüße, Maite und Hannes.«

Ich habe mich wirklich gefreut, dass ich den beiden helfen konnte. Sicher war es für den Vater ein großes Erlebnis, alte Erinnerungsplätze aufzusuchen. Außerdem konnte auch die Tochter erfahren, welch aufregendes Leben ihre Eltern geführt hatten.

Aber durch dieses Gespräch war auch ich auf eine Idee gekommen: Am Wochenende ein gutes Hotel aufsuchen, das gefiel mir. Ich wollte mich bei nächster Gelegenheit daran erinnern.

Auf dem Rückweg nach Basel entwickelte ich in Gedanken schon eine recht aufregende Route für eine größere Tour. Ich begann zu überlegen, welche Orte und Plätze ich aufsuchen wollte. Natürlich würde ich nur die europäischen Länder besuchen. Fernost mit dem Wohnmobil war vielleicht bei den heutigen politischen Verhältnissen doch etwas gewagt.

Meine Reise nach Mallorca hatte sich inzwischen bereits um einige Tage verzögert. Daher wollte ich am kommenden Tag spätestens um zehn Uhr aufbrechen.

Von Basel nach Mallorca

Meine Route führte mich über Bern zum Genfersee und dann weiter Richtung Lyon. Die Sonne ging schon fast unter, als ich mich Lyon näherte. Es war nun an der Zeit, einen Platz für die Nacht zu finden. Von Weitem erkannte ich schon eine große Raststelle. Ein Restaurant hatte seine Leuchtschrift bereits aktiviert, um Gäste anzulocken, und eine große Tankstelle wartete auf Kunden. Deutlich war zu spüren, dass die Hauptsaison vorbei war. Nur noch wenige Lastwagen waren zu dieser Zeit unterwegs.

Beim Befahren der übergroßen Raststelle konnte ich eine kleine Ansammlung von Wohnmobilen erkennen. Es waren wohl umgebaute Baufahrzeuge. Drei Stück standen hier in bunten Farben zusammen. Grün, blau und gelb. Es wirkte wie eine kleine Kommune. Schade, da störte ich nur. Auf den ersten Blick mochten es wohl Handwerker sein, die auf Stellensuche unterwegs waren. Ein zweiter Blick ins Innere eines der Fahrzeuge zeigte mir jedoch, dass es junge Weltenbummler waren, die sich auf Abenteuertour befanden.

Zwischen zwei Fahrzeugen war eine Leine gespannt, Kleidungsstücke wurden gerade gelüftet. So wie es aussah, reisten in jedem der drei Wohnmobile vier Personen. Aber vielleicht hatten sie ja auch ein

Zelt dabei? Dem Kennzeichen nach kamen sie aus Österreich.

So suchte ich mir doch besser einen anderen Platz auf dem Gelände. Ich parkte neben einem Wohnmobil, das anscheinend ein neues Modell war. Meine Camper-Nachbarn waren aus Belgien und schienen zu zweit unterwegs zu sein. Ein kurzes Nicken und schon hatte man sich kurz beäugt und begrüßt. Einer von beiden war immer auf der Suche nach etwas und umkreiste das Wohnmobil. Sie waren sicher noch nicht lange im Besitz desselben. Vielleicht war es auch ein Mietfahrzeug? Na, wenn sie Hilfe brauchten, würden sie sich sicher melden.

Ich holte mir ein frisches Bier aus dem Shop der Tankstelle und machte es mir gemütlich. Eine CD wurde in den Schacht geschoben und der Abend konnte entspannt beginnen. Ich hörte, dass der Fernseher im Fahrzeug nebenan ziemlich laut eingestellt war. Eine Musiksendung schien dort zu laufen.

Meinen Fernseher hatte ich ja schon getestet. Ob ich wohl einen passenden Sender hier in Frankreich finden würde? Aber eigentlich hatte ich keine rechte Lust, nun fernzusehen. So verschob ich die Sendersuche auf einen anderen Tag.

Am nächsten Morgen kitzelte mich ein Sonnenstrahl an meiner Nase und weckte mich. Ein Blick aus dem Fenster verriet mir, dass ich inzwischen alleine stand. Meine belgischen Camper-Nachbarn waren anscheinend schon weitergezogen.

Einige Fernlaster standen in meiner Umgebung. Wie

es aussah, waren sie im Laufe der Nacht eingetroffen und hielten hier ihre vorgeschriebene Ruhepause ein. Der Fahrer eines polnischen Fahrzeuges war gerade damit beschäftigt, seinen Morgenkaffee aufzubrühen. Er machte dies mittels eines aufgestellten Brenners, in dem eine spärliche Flamme loderte. Sein frisches Baguette hatte er wohl beim Shop geholt. Das machte ich ihm umgehend nach.

Die Espressomaschine wurde aufgefüllt und dann auf den Herd gestellt. Bereits wenige Minuten später zischte es und im Wohnmobil duftete es ganz köstlich nach frischem Kaffee. Dazu das frische Baguette, was brauchte man mehr?

Etwas später wollte ich in den Verkaufsshop gehen und für den Abend noch einiges einkaufen. Schließlich war ich in Frankreich und das Angebot an Köstlichkeiten war sehr verführerisch. Hoffentlich reichte der Platz in meinem Kühlschrank aus.

Ganz nebenbei stellte ich fest, dass er falsch eingestellt war. Die darin befindlichen Lebensmittel waren nicht mehr gekühlt. Aber wer wollte schon warmes Bier und weiche Schokolade oder einen lauwarmen Blanc de Blancs?

Ich hätte auf Gas oder Batterie umschalten müssen. So lernte ich aus eigener Erfahrung täglich etwas dazu. Ich tröstete mich damit, dass sich sicher bald alles perfekt eingespielt haben würde. In ein oder zwei Monaten würde ich über meine ersten Fehler nur noch schmunzeln.

Jeden Tag gab es eine andere Überraschung. Meine Liste der Dinge, die anzuschaffen waren, wurde immer länger. So war inzwischen ein Stromerzeuger auf der Liste ganz nach oben gerutscht. Einen Wechselrichter würde ich ebenfalls benötigen. Weder mein Rasierapparat noch meine elektrische Zahnbürste funktionierten. Daran hätte ich auch früher denken können. So ging ich nochmals zum Shop und besorgte mir eine Zahnbürste mit Handbetrieb.

Ich musste lachen, weil mir plötzlich in den Sinn kam, warum eigentlich so viele Camper einen Dreitagebart trugen. Es musste am Strom liegen, oder machte es einfach einen abenteuerlicheren Eindruck?

Mein nächstes Ziel sollte Montélimar sein. Hier legte ich immer, wenn ich in der Nähe war, eine Pause ein. Das hatte schon Tradition.

Es war vor über 20 Jahren, als meine Frau und ich in Montélimar strandeten. Unsere erste große Reise nach Spanien im Jahr 1987. Fix und fertig suchten wir nach einem Hotel, um unsere müden Glieder niederzulegen. Auch die Sonne hatte sich bereits verabschiedet. Etwas abseits der Autobahn entdeckte ich das Schild »Ibis-Hotel«. Aber an der Rezeption erfuhren wir, dass das Hotel bis auf das letzte Zimmer ausgebucht war. »Hochsaison«, meinte eine junge Französin achselzuckend.

Ein junger Mann stellte sich mit Thomas vor und meinte, dass wir ganz einfach mit ihm fahren sollen, er könne uns helfen. Er wohne im Hinterland, dort befände sich auch ein kleines Hotel, wo es immer ein freies Zimmer gäbe.

Wir hatten keine andere Wahl und fuhren ihm

einfach hinterher, bis nach Marsanne. Wir hielten im Ortskern an einem sehr romantischen Platz. Das kleine Café hatte noch geöffnet, Thomas ging voraus und fragte nach einem Zimmer.

Wir bekamen eines und waren so müde, dass wir unseren damaligen Kombi nicht einmal ausräumten. Der Caféhausbesitzer meinte: »Hier kommt nichts weg!«

Der Wagen war vollbepackt. Aber es war uns einfach ganz egal, wir glaubten ihm und gingen schlafen. Vorher mussten wir noch eine steile Treppe zum Speicher erklimmen, um die dortigen Zimmer zu erreichen.

Der Caféhausbesitzer hatte recht, es kam nichts weg. Sogar die Dinge, die wir auf dem Dach auf einem Träger transportierten, waren unangetastet. Am Morgen erhielten wir ein königliches Frühstück.

Die Nacht sollte uns ewig in Erinnerung bleiben. Die Betten waren durchgeschlafen, der Drahtrost völlig ausgeleiert und alles war in einem schwülen, dunklen Rot gehalten. Das Fenster hatte nicht einmal Glas im Rahmen, aber es war ja Juli. Irgendwie hatten wir das Gefühl, in einem französischen Hotel für besondere Stunden übernachtet zu haben. Die Tauben auf dem Dach ersetzten den Wecker. Sie gurrten um die Wette, um den neuen Tag zu begrüßen. Sehr romantisch!

Wir waren jung und fanden es einfach hinreißend und sehr nett von Thomas, dass er uns diese Erfahrung ermöglicht hatte.

Tags darauf unternahmen wir eine Ortsbesichtigung und schauten kurz bei Thomas' Ehefrau vorbei. Sie war im örtlichen Fremdenverkehrsamt für die Touristen zuständig. Sie überreichte uns eine Landkarte und empfahl uns einen hervorragenden Metzger, bei dem wir uns mit einer Brotzeit eindeckten.

Seit diesem Erlebnis vor 24 Jahren war eine Pause in Montélimar Pflicht. Diese Stadt war fest mit Thomas und unserem damaligen Urlaub verbunden. Es lebe die gelebte Erinnerung!

Auch an diesem Abend machte ich wieder Stopp vor dem Ibis-Hotel. Diesmal jedoch konnte ich auf dem großzügigen Parkplatz mein Wohnmobil abstellen. Ich benötigte kein Zimmer und verbrachte die Nacht in meinem fahrenden Appartement. Leider konnte ich Thomas nicht treffen. Er befand sich gerade in Berlin, um seine Familie zu besuchen. Fünf Wochen Urlaub habe er sich genommen, meinte seine Sekretärin.

Das Abendessen genoss ich natürlich im Restaurant, wie auch das Frühstück. Es war wie immer köstlich.

Am kommenden Morgen hatte ich viel Zeit, denn die Fähre nach Mallorca ging erst um 23 Uhr. Nur 500 Kilometer waren es noch bis Barcelona, das war nicht mehr viel. Ich würde wohl noch die eine oder andere Pause einlegen können, da war ich mir ganz sicher. Es blieb sogar Zeit für einen erholsamen Mittagsschlaf.

Doch dann unterlief mir während der Fahrt ein gewaltiger Fehler. Ich hatte nicht auf die Strecke geachtet und war schon eine Weile auf der Autobahn nach Toulouse unterwegs. Ich merkte es erst, als nirgends mehr ein Hinweis auf Barcelona zu entdecken war. An einer großen Raststelle erkannte ich dann, dass ich fast 150 Kilometer von der Strecke abgekommen war und mich schon kurz vor Toulouse befand.

Das hatte ich nun davon, dass ich seither immer über ein Navi lächelte. Immer wenn ich gefragt wurde, warum ich keines besäße, war meine Antwort: »Ich sehe lieber auf die Karte, da entdecke ich dann auch gleich interessante Dinge, die am Wegesrand liegen.«

In diesem Fall hätte ich gerne auf den Umweg verzichtet. Nun stand fest, dass ich eine weitere Pause einlegen musste. Eine zusätzliche Übernachtung war notwendig, denn es war klar, dass ich es niemals schaffen würde, die Fähre zu erreichen.

In Barcelona wollte ich auf keinen Fall übernachten. So erkundigte ich mich an der Tankstelle, ob es in der Nähe einen sicheren Platz zum Übernachten gäbe. Der freundliche Tankwart deutete mit seiner Hand die Richtung an.

Ich bestieg mein Gefährt und fuhr den Weg entlang. Tatsächlich erkannte ich schon von Weitem einen Platz, auf dem bereits einige Wohnmobile und Wohnwagen standen. Ich stellte mich dazu, ohne auf die anderen Fahrzeuge zu achten. Nachdem ich geparkt hatte, genehmigte ich mir erst einmal ein Glas Wein.

Als es bereits zu dämmern begann, drang Zirkusmusik an mein Ohr. Ich blickte nach draußen und konnte einen kleinen Zirkus sehen, der sich hier für die Nacht niedergelassen hatte.

Ein junger Mann begann mit seinen Übungen, indem er Feuer speite. Eine andere Person übte mit einem Ring, der brannte. Ein Schauspiel der besonderen Art. Noch eine kleine Ewigkeit konnte ich bei den Spielen zusehen, bis mich die Müdigkeit übermannte. Begleitet von den Tönen der Musik fielen mir die Augen zu und ich sank in einen tiefen Schlaf.

Am nächsten Morgen sah ich aus dem Fenster. Die Sonne meinte es gut. Auch die Zirkusleute waren bereits hellwach. Die ganze Familie war mit irgendwelchen Turnübungen beschäftigt und ich fand es toll, dass ich Gelegenheit hatte, dabei zuzusehen.

Ein junges Mädchen mit einem grünen Sonnenschirm in der Hand balancierte über ein gespanntes Seil. Sie war absolut sicher bei ihrer Arbeit, machte sogar Witze und wurde von ihrer Schwester gehänselt. Dann legte sie ein Seil auf den Boden und begann, darauf zu laufen. Ich öffnete meine große Schiebetüre, um dem Geschehen besser zusehen zu können, schlürfte an meinem frischen, heißen Kaffee und genoss mein Honigbaguette.

Ein junger Mann in einem bunten Kostüm winkte mir und lud mich ein, doch etwas näher zu kommen. So ging ich mit meinem Haferl Kaffee hinüber und begrüßte die junge Mannschaft. Sie zeigten mir einen Prospekt, worin ich lesen konnte, dass sie auf einer Frankreichtournee waren. Das nächste Ziel sollte Toulouse sein. In drei Tagen hätten sie dort einen Auftritt, erklärte mir ein junges Fräulein.

Sie zeigte mir, dass es gar nicht so leicht war, auf einem Seil zu balancieren. Dann bat sie mich, auf dem ausgelegten Seil mit geschlossenen Augen zu laufen. Tatsächlich trat ich ständig daneben. Ich hatte mir das wirklich leichter vorgestellt. Das Mädchen erklärte mir, wie man es anstellen musste. Barfuß musste man sein. Sie schob wie eine Balletttänzerin die Zehenspitzen am Seil entlang. So sei es ganz einfach, meinte sie. Nun machte sie es nochmals, aber diesmal verband sie sich die Augen.

Das würde sie auch bei der Abendvorstellung vorführen, erklärte ihr Partner. Schnell war sie am Seilende und wollte nun, dass ich es ihr nachmachte. Ich verzichtete, denn ich war mir sicher, dass ich es niemals schaffen würde. Ich verabschiedete mich und wünschte allen viel Glück für ihre weitere Tournee.

Barcelona ist eine Metropole, über die ich ein eigenes Buch schreiben könnte. Diese Stadt ist unberechenbar und traumhaft schön. Vor einigen Jahren habe ich dort einmal einen Überfall erlebt und dabei einen neuen Wagen verloren, den ich nach Mallorca bringen wollte. Aber einen Trost hatte ich in der ganzen Angelegenheit, die Versicherung bezahlte wenigstens.

Seit diesem Erlebnis verriegelte ich stets meine Türen, bis ich im sicheren Hafenbereich eintraf. Kein Halten, kein Stopp, wenn nicht unbedingt nötig. Einfach nur durchfahren … So machte ich es auch dieses Mal.

Auf der Fähre nach Palma de Mallorca musste ich dann zeigen, dass ich auch das Rückwärtsfahren beherrschte. Es war nicht einfach und sehr ungewohnt, ein Fahrzeug von sechs Metern nur mit den Rückspiegeln zu dirigieren. Aber es ging besser, als ich dachte.

Pünktlich im Morgengrauen traf ich auf der Insel ein. Die ersten Sonnenstrahlen kamen bereits durch. Ich nahm die Autobahn Via de Cintura und dann den Weg nach Inca. Hier wartete bereits meine Frau mit einem frischen Café con Leche auf mich.

Ganze sechs Wochen war ich unterwegs, um mir einen Traum zu erfüllen, Erfahrungen zu sammeln und nette Leute zu treffen.

Wenn man ein Wohnmobil besitzt, sieht man plötzlich nur noch Wohnmobile. So ging es mir auf der gesamten Reise. Es kam mir vor, als würden alle mit einem Wohnmobil unterwegs sein. Ähnlich wie bei einer schwangeren Frau, die plötzlich nur noch Schwangere sieht. Ich war erstaunt, wie viele Wohnmobile sich auf Mallorca tummeln, obwohl es doch nicht einmal Campingplätze auf der Insel gibt. Früher war mir das gar nicht aufgefallen.

Die nächsten Wochen wollte ich damit verbringen, meinen Wagen besser kennenzulernen. Ich nahm mir vor, die abgeschaltete Wasserzufuhr zu öffnen und den Tank zu befüllen. Die Gasflaschen wollte ich gegen spanische Flaschen tauschen. Das hieß aber auch, dass ich vorher einen neuen Anschluss besorgen musste. Darüber würde ich mit meinem Heizungsfachmann reden müssen.

Ich machte die Feststellung, dass eine Gasflasche in Spanien wesentlich weniger kostet als eine Flasche in der Schweiz oder in Deutschland. In der Schweiz zahlte ich für die Flasche über 48 Schweizer Franken. In Deutschland verlangten sie für eine Flasche 20 Euro. In Spanien dagegen kostete eine Flasche gerade mal zwölf Euro.

Übrigens: Den Anschluss für die spanischen roten Flaschen kann man mit etwas Geschick auch selbst montieren. Die Zubehörteile bekommt man fast an jeder Ecke, spätestens bei einem Baumarkt wird man fündig. Ein Spray, um die Abdichtung zu überprüfen, sollte man allerdings aus Deutschland mitbringen.

Es hatte sich schnell herumgesprochen, dass es nun ein weiteres Wohnmobil auf der Insel gab. So bekam ich einen neugierigen Anruf von Rainer, unserem Raumausstatter: »Wann kann ich dein Wohnmobil besichtigen? Du weißt ja, ich bin ein Fan von solchen Dingern. Ich helfe, wann immer du Hilfe brauchst.«

Rainer übernahm dann die Aufgabe, die Vorhänge zu erneuern und dem Fahrzeug einen absolut neuwertigen Eindruck zu verschaffen. Zu diesem Zweck sollte das Wohnmobil auch einen neuen Teppich erhalten. Einen, den man zur Reinigung geben und auch mal tauschen konnte, wenn es notwendig sein sollte.

Die Matratzen wurden ebenfalls getauscht und gegen hochwertigere ersetzt. Die Unterseite der Lattenroste sollte eine Abdeckung erhalten. Aber das war nur der Anfang. Auch einzelne technische Teile wurden ersetzt, wie etwa der Wasserhahn oder die Duschabdeckung.

Nach und nach entdeckte ich immer mehr Teile, die ich auf den ersten Blick nicht als abgenutzt erkannt hatte. So gab es im Bereich des Flaschendepots mehrere angeschlagene Stellen. Durch unachtsames Tauschen war hier das Holz beschädigt worden. Das konnte nicht so bleiben, dafür war ich zu pingelig. Auch die Rückseite der Duschkabine sollte eine neue Verkleidung bekommen. Aber das waren alles nur Kleinigkeiten.

Mein Schreiner bekam ebenfalls alle Hände voll zu tun. Auch er war ein begeisterter Camper und schilderte mir, wie er einmal einen Überfall überstanden hatte.

»Das geschah alles, ohne dass wir etwas bemerkt hätten«, begann er zu berichten. »Wir legten uns schlafen. Wir, das heißt: mein Vater und ich. Wir richteten uns die Betten, dann verzog sich mein Vater in den Alkoven und ich ging in das obere Stockbett.

Wir schliefen recht zügig ein, da wir uns vorher einige Biere genehmigt hatten. Wie immer legten wir unsere Wertsachen auf den Tisch. Aber eigentlich gab es ja nur einen Geldbeutel von jedem. Die Pässe hatten wir in einem extra dafür vorgesehenen Safe deponiert.

Am nächsten Morgen meinte mein Vater: ›Warst du schon einkaufen? Wo hast du denn meinen Geldbeutel hingelegt?‹ Ich war erstaunt und meinte nur, dass ich doch nicht so früh zum Einkaufen gehe. Schnell stellten wir den Verlust unserer Kamera fest, es fehlte außerdem noch mein Geldbeutel. Die Kreditkarten lagen am Boden vor dem Fahrzeug.

Ja, das war es dann leider schon. Als wir aus unserem Gefährt krochen, kamen uns die Nachbarn, ebenfalls mit langen Gesichtern, entgegen. Nach einer weiteren halben Stunde stand fest, dass der halbe Campingplatz ausgeraubt worden war.

Die Polizei wurde vom Platzwart aus verständigt. Die Männer zeigten ein breites Grinsen und kommentierten es so: ›Ja, im Sommer kommt das öfter vor. Wenn Sie eine Bestätigung für die Versicherung brauchen, dann müssen wir Sie bitten, auf das Revier zu kommen. Wir haben Vordrucke, die wir dann nur noch abstempeln müssen.‹

Irgendwie wurden wir den Eindruck nicht los, als wüssten sie sehr genau, wer hier sein Unwesen trieb.

Natürlich waren wir verärgert, aber dann waren wir auch wieder froh, dass keinem von uns beiden etwas passiert ist. Das Geld konnten wir verschmerzen, der Verlust der Kamera traf uns schon härter, da ja alle Fotos unserer gemeinsamen Reise als verloren galten. Wer weiß, wann wir noch mal eine solche Gelegenheit haben werden?

Als wir unserem Vermieter das Fahrzeug zurückgaben, stellte dieser ein kleines Loch im Plastikmantel des Fahrzeuges fest und meinte: ›Hier wurde das schlafbringende Gas eingelassen. Hätte ich wohl doch besser einen Gasalarm eingebaut.‹«

Das Thema »Überfall« schien in der Szene gut bekannt zu sein. Wie zu vermuten war, gab es organisierte Banden, die sich auf Camper spezialisiert hatten. So hörte man immer wieder vom Einsatz der Gasbetäubung. Daher gab es auch in jedem Zubehörhandel ein großes Angebot an Schutzmaßnahmen. Ohne Gasmelder, so hörte ich aus Insiderkreisen, sollte man auf keinen Fall unterwegs sein.

»Die einfachsten Melder steckt man in den Zigarettenanzünder. Ganz simpel, aber absolut ausreichend«, wie ich von einem Camperkollegen erfuhr.

Ich bekam auch den Tipp, Türschlösser niemals so zu lassen, wie man sie vom Werk erhielt. Für »Fachleute« sei es eine Sache von Sekunden, ein Fahrzeug zu entern. Aus diesem Grund durchforstete ich in einem Katalog das enorme Angebot an Sicherheitsschlössern. Am einfachsten erschien mir ein von innen montiertes Eisen zu sein. Aber was, wenn ich mich gerade auf einer Ortsbesichtigung befand, während mein Wagen von unliebsamen Gästen ausgeraubt wurde?

Also doch besser ein Sicherheitsschloss, das einem Panzerschrank glich? Aber wie weit sollte man gehen? Konnte man überhaupt noch auf Reisen gehen, ohne gleich mit dem Schlimmsten zu rechnen?

Von meinem Schreiner erhielt ich einen weiteren Tipp: »Niemals die Räder am Heck ungesichert platzieren! Immer mit einem Stahlseil absichern! Es soll auf Campingplätzen sogar zum Raddiebstahl kommen, wie man hört.«

Und was war mit dem Vorzelt? In vielen Fällen konnte man das Vorzelt auf dem Platz zurücklassen und einen Ausflug unternehmen, ohne es abbauen zu müssen.

Ganz allgemein kam ich zu dem Schluss, dass man sich vor nichts wirklich schützen konnte. Vielleicht sollte man sich bei der Wahl des Zubehörs nicht immer für das Teuerste entscheiden? So wurden auch Räuber nicht so leicht angezogen. Hatte man aber ein Rad im Luxussegment gekauft, dann musste man wohl eher mit einem Diebstahl rechnen. Ein ganz normales Rad weckte sicher weniger Interesse bei Dieben.

Eines Nachmittags hatte sich Dieter, ein Kenner der Szene, bei mir angekündigt. Er meinte, dass ich ohne sein Wissen kaum auf Reisen gehen könne. Er stammte noch aus der Achtundsechziger-Szene. Demgemäß trug er sein Haupthaar zu einem Knoten zusammengefasst. Ein Überbleibsel aus seiner rebellischen Vergangenheit, auch wenn er heute als angesehener Arzt sein Unwesen trieb und genug Geld verdiente, um sich ein ordentliches Wohnmobil leisten zu können.

Ich hatte den Verdacht, dass die Zeit vorbei war, in der er sich mit einem Kochtopf und einer Bratpfanne auf den Weg machte. Zugeben würde er das aber sicher nicht. Seine Geschichten hörten sich immer so an, als wäre er erst gestern von seiner letzten Weltreise zurückgekehrt.

Dieter war viel unterwegs gewesen. Seine ersten Reisen unternahm er in seiner Studentenzeit. Bis nach Indien war er gekommen. Sein damaliges Wohnmobil war ein umgebauter, ausgemusterter Setra-Reisebus.

»Überhaupt«, so erfuhr ich von Dieter, »man kauft kein fertiges Wohnmobil!« Er riet mir, einen alten Kastenwagen zu kaufen, vielleicht ein altes Baufahrzeug. Dieter hatte wohl nicht zugehört, als ich ihm mitteilte, dass mein Wagen bereits auf der Insel stand. Er redete einfach weiter und meinte: »Die Kilometer spielen bei solchen Fahrzeugen keine Rolle. Ein MAN aus Heeresbeständen, das ist noch was!«, betonte er. »So einen bekommst du bei einer Versteigerung bei der Bundeswehr für einen Apfel und ein Ei.«

Dieter erzählte und erzählte. Er merkte gar nicht, dass ich eigentlich nur auf Tour gehen wollte – und das möglichst bald. Wenn die kleinen Änderungen fertig waren, wollte ich losziehen. An einem Umbau, wie er ihn vor 30 Jahren an seinem Reisebus vorgenommen hatte, war ich nicht interessiert. Ich hatte keine Lust, vier Jahre umzubauen, bis das Fahrzeug endlich technisch fertig war. Danach würde man ohnehin noch zwei Jahre weiter werkeln, bis man endlich genug hatte von dieser Arbeit. Und dann kam der Moment der Abrechnung. Spätestens jetzt musste man erkennen, dass die Summen, welche in das Projekt geflossen waren, viel höher waren als eigentlich veranschlagt. Richtig fertig wurde es eigentlich nie. Selbst wenn man dann endlich auf Tour war, flickte man fast täglich an irgendeinem Problem herum.

Während des Gesprächs kamen wir irgendwann auf unseren Diamanten-Charly zu sprechen. Dieter kannte ihn natürlich auch, schließlich war er sein Patient. Diamanten-Charly wurde von Dieter ebenfalls eingehend beraten und musste sich seine Umbaupläne anhören, obwohl es an seinem Fahrzeug gar nichts umzubauen gab. Sein Wohnmobil war neuwertig und hatte jeden Luxus, den man sich vorstellen konnte.

»Ein Fahrzeug von zwölf Metern Länge muss es sein!«, meinte Dieter, da begann bei ihm erst das richtige Camperleben. Als Dieter von »seinem Setra« erzählte, bekam er glänzende Augen. Er zeigte mir, wie er damals am Steuer saß. Wie ein Herr der Ringe musste er sich gefühlt haben. Ein »King of the Road«, der dabei war, die Welt zu erobern. Er berichtete von seiner Reise nach Indien, nannte viele Details und kam ins Schwärmen.

Dieter war eigentlich kein Abenteuertyp, er war eher ein vorsichtiger Mensch. Aber es könnte ja auch sein, dass er früher einmal anders war. Ich meine, in den Achtundsechzigern, da waren wir doch alle anders, oder nicht?

Jedenfalls kann ich mich daran erinnern, dass meine Frau und ich zu dieser Zeit immer Reinhard Mey hörten. Vielleicht »Über den Wolken«? Der Liedermacher war für uns beide die Verkörperung eines Achtundsechzigers. Ach ja, es gab auch noch Rainer Langhans. Der konnte Reinhard Mey in anderen Disziplinen toppen, ohne Zweifel.

Wie Dieter stammen auch meine Frau und ich aus München. Dort konnten wir die Szene zwar beobachten, aber Zeit, diesen Geist zu leben, hatten wir nicht.

Wir hatten uns gerade selbstständig gemacht und alle Hände voll zu tun, um den täglichen Verpflichtungen nachzukommen. Wir hatten keine Zeit für Spielchen, wie Rainer Langhans sie pflegte. Aber ich gebe zu, wir beneideten ihn.

Wie kam es eigentlich, dass viele Männer das Verlangen nach einem Camperleben hatten, während es den meisten Frauen davor eigentlich nur graute? Einmal sagte ein Wohnmobilbesitzer zu mir: »Sie sind doch nicht etwa verheiratet?« Beflissen gab ich zu bedenken, dass ich bereits im vierzigsten Jahr verheiratet sei. Seine Antwort: »Das wird sich ändern. Ich habe bereits die dritte Frau, und ich habe den Verdacht, sie packt gerade die Koffer, um ihren Urlaub in einem Hotel zu verbringen.«

Ich gebe zu, dass meine Frau absolut keinen Hehl daraus machte, dass ich das mit dem Wohnmobil besser ohne sie planen sollte. Das war eine klare Ansage und ich musste es akzeptierten. Warum sollte ich sie zu etwas zwingen? Sie meinte, ein Haushalt würde ihr voll und ganz reichen. Aus dieser Tatsache ergab sich auch automatisch die Größe meines Fahrzeuges. Es war zwar für zwei Personen geeignet, aber man konnte sich auch gut alleine darin wohlfühlen.

Bei meinem Bekannten Werner und seiner Partnerin Erika war es jedoch anders. Auch Erika war eine begeisterte Camperin. Ich hatte sogar das Gefühl, als wäre sie die treibende Kraft.

Auch mit Werner tauschte ich mich auf Mallorca über das Camperleben aus. Er war Kinderarzt, seine 78 Jahre sah man ihm wirklich nicht an. Vor drei Wochen war er von einem Camperurlaub aus der Türkei zurückgekommen. Er hatte zwar mal überlegt, sich ein Wohnmobil zu kaufen, aber seine Entscheidung fiel zugunsten des Mietens aus.

Seit fast 20 Jahren genoss er jährlich seinen Urlaub mit einem Wohnmobil. Seine etwas jüngere Begleiterin Erika war ebenfalls eine überzeugte Camperin. Da Geld keine große Rolle spielte, leisteten sich die beiden immer ein Wohnmobil aus dem Luxussegment. Auf ihrer letzten Reise waren sie mit einem großen Hymer-Fahrzeug unterwegs. Eigentlich bot es ja Platz für sechs Personen, aber Werner meinte immer, dass er zum Leben »Raum« brauche.

Die Fahrstrecke teilten sich die beiden, da auch Erika gerne und sicher mit einem großen Reisemobil unterwegs war. Sie beherrschte die Technik und hatte keine Angst vor engen Straßen und Gegenverkehr.

Werner meinte aber auch: »Die Größe eines Fahrzeuges muss jeder für sich selbst entscheiden. Ausschlaggebend ist vor allem, welche Reisen mit dem Wohnmobil unternommen werden sollen. Hauptsächlich sind es Länge und Breite, die einem ›Neuling‹ Sorgen bereiten. Einparken mit sieben Metern Länge muss man üben!«

Das Gespräch mit Werner tat mir sehr gut, konnte es

doch sämtliche düsteren Wolken, die mein Haupt umschwirrten, vertreiben. Besonders die Schilderungen seiner letzten beiden Reisen weckten erneut meinen Reisetrieb.

Werner berichtete, dass er zu keiner Zeit von irgendwelchen Einbrechern belästigt wurde. »Es liegt immer daran, wie du dich zeigst«, meinte er. »Wenn du einen auf reich machst, dann musst du dich nicht wundern, wenn du belästigt wirst.« Werner war bei seinen Reisen bis nach Persien – heute Iran – gekommen. Zugegeben, das war schon einige Jahre her.

Bei dieser Gelegenheit erinnerte ich mich ganz spontan an das Gespräch mit Dieter. Seine Reisen hatten ihn nach Indien und Pakistan geführt, aber in keinem dieser Länder hatte er Probleme zu überstehen. Und wenn doch, dann lag es immer an der Technik, die ihren Geist aufgab. Sie wissen schon, es war der alte umgebaute Setra-Bus.

Aber zurück zu Werner. Seit zwei Jahren bevorzugte er die größeren Fahrzeuge, da er sich eine umfangreiche Fotoausrüstung zugelegt hatte. Außerdem hatte er seinen Computer immer dabei. So konnte er seine Fotos gleich vor Ort bearbeiten und versenden. Deshalb war auch verständlich, dass er einen etwas größeren Caravan brauchte. Er meinte aber auch: »Ich will es mir einfach leisten. Wer weiß, wie lange ich noch auf Tour sein kann, schließlich bin ich nicht mehr der Jüngste.«

Während unseres Gesprächs läutete mein Handy. Ein guter Freund bat um Rückruf. Wenn ich es richtig deutete, stand ein Umzug auf der Insel an. Da wurde meine Hilfe benötigt!

Werner sah auf die Uhr und stellte fest, dass es für ihn Zeit war, aufzubrechen. »Wir sehen uns ein andermal zu einem ausgedehnten Talk. Servus!« Und schon war er durch die Tür.

Über eine SMS auf meinem Handy erfuhr ich dann, dass ich meinen Freund Helge dringend zurückrufen sollte. Es schien eilig zu sein. Mit drei Ausrufezeichen und wiederholten neuen Nachrichten machte er auf sich aufmerksam.

Als ich ihn zurückrief, erfuhr ich, dass es sich um einen etwas größeren Umzug handelte, der aber schon am nächsten Morgen stattfinden sollte. Helge meinte: »Wenn du die Umzugskisten einladen könntest, dann wäre das schon eine große Hilfe. Du weißt ja, ich muss sparen!«

»Ja, warum denn nicht?«, antwortete ich. Schließlich hatte ich ja nicht nur ein Wohnmobil, sondern zugleich auch einen Lieferwagen. Das war der große Vorteil bei einem Kastenwagen. Ich musste nur die breiten Türen am Heck öffnen und dann die Betten auslagern, schon hatte ich einen Transporter!

Da ich am nächsten Tag bereits um neun Uhr bei Helge sein sollte, nahm ich die Verwandlung meines Fahrzeuges lieber gleich vor. Die Matratzen wurden in die Garage getragen und die Lattenroste auf die Seite gestellt. Der große Esstisch wurde ebenfalls nach draußen gebracht und die Polster legte ich zu den Matratzen. Außerdem breitete ich eine Decke über den Herd und die Spüle. So stand diesem Umzug nichts mehr im Wege.

Es war eine Sache von zehn Minuten, länger dauerte

die Verwandlung nicht. Schon präsentierte sich mein Adria-Kastenwagen-Wohnmobil als perfekter Umzugstransporter. Wie vielseitig doch so ein Fahrzeug sein konnte!

Am nächsten Morgen erschien ich wie verabredet mit meinem Umzugskastenwagen bei Helge. Er war erstaunt, wie groß das Raumangebot war: »Da kannst du ja auch noch meinen Bauernschrank mitnehmen. Der passt da locker hinein.« So seine Worte.

Tatsächlich passte der altertümliche Schrank in das Fahrzeug, aber damit nicht genug. Helge füllte das Fahrzeug bis auf den letzten Millimeter. So hatte er noch zusätzlich zum Schrank über 20 Umzugskisten zu verladen. Von der Kaffeemaschine und der Mikrowelle ganz zu schweigen. Die zweite Fuhre verschlang eine Couch und die halbe Wohnzimmergarnitur. Wir staunten nicht schlecht, als wir feststellten, dass immer noch Platz übrig war. Den Rest des Umzuges schafften wir dann bei einer dritten Tour.

Damit hatte ich wirklich nicht gerechnet, dass ein Kastenwagen so praktisch sein kann. Helge meinte, es läge daran, dass einem ein breiter Einstieg geboten wird. Nicht nur die beiden Hecktüren, sondern auch die breite Schiebetüre auf der Seite verschafften uns beim Verstauen der Möbel Erleichterung.

Spät abends auf der Heimfahrt war ich ganz stolz auf meinen »Adria 4 Twin«.

Trotzdem wollte ich es nicht zur Gewohnheit werden lassen, dass ich zu Umzügen gerufen wurde.

So ein Kastenwagen war nicht nur ein prima Fahrzeug zum Wohnen und Schlafen, er eignete sich außerdem zu vielen anderen Dingen. Beispielsweise richtete ich mir darin mein Büro ein. So konnte ich auch mal am Strand an meinen Büchern schreiben, während meine Frau die Zeit nutzte und zum Schwimmen ging.

Nebenbei konnten wir auch gleich die Markise testen. Der Tisch wurde vor dem Fahrzeug aufgestellt und ich schnitt die saftige Melone auf. Ein frisches kühles Bier für mich und für meine Frau einen leckeren Rosé. Was wollte man mehr?

Inzwischen war die Mandelbaumblüte vorbei. Mitte Februar begann ich, mich auf eine neue Reise vorzubereiten. Auf meinem Plan stand eine größere Tour, die – ausgehend von Barcelona – an der Costa Brava entlang über die Camargue bis zur Côte d'Azur führen sollte. Natürlich wollte ich mir für diese Strecke Zeit lassen. In Frankreich würde ich dem Tipp mit den Municipal-Campingplätzen folgen. Getestet hatte ich einen davon inzwischen ja schon mal. Natürlich überlegte ich, ob ich die Route nicht gleich über die Riviera fortsetzen sollte. Genua, Siena, Florenz – oder gleich die ganze Toskana?

Ich wollte es erst entscheiden, wenn ich unterwegs war. Das war das Schöne am Reisen mit einem Wohnmobil. Man konnte eine Münze werfen und dann doch eine andere Entscheidung treffen. Kein Stress, keine Eile. Die Seele baumeln lassen.

Und nun wusste ich auch, was ich am Camperleben so schätzte. Es war die Freiheit. Keine Vorgaben, einfach das machen, was einem gerade gefiel. Eine Bergwanderung, am Strand liegen, ein Museum besichtigen, zu einer Burg hinaufsteigen, eine Pizza genießen, die Füße hochlegen, die Gedanken fliegen lassen.

Das machte es aus, das war es, was ich unter »Reisen mit einem Wohnmobil« verstand. Wie war ich doch glücklich, endlich meinen Ruhestand gemeinsam mit meinem Wohnmobil genießen zu können!

Sogar meine Frau hatte inzwischen entschieden, den einen oder anderen Reiseabschnitt mitzugestalten. Sie wollte mit dem Flieger nachkommen, ein paar Tage mit mir auf Reisen gehen und irgendwann wieder in ihre Finca zurückkehren.

Ein Jahr auf Tour

Tatsächlich hatte ich mein Vorhaben in die Tat umgesetzt. Im April belud ich mein Fahrzeug und dann ging es los. Die Reise sollte ein Jahr dauern. So hatte ich es mir vorgenommen.

Wie geplant, startete ich in Barcelona. Es war traumhaftes Wetter, das Thermometer zeigte schon am frühen Morgen 16 Grad.

Mein erstes Ziel sollte die Costa Brava sein. Wie an einer Perlenschnur reihten sich hier die bekannten Urlaubsorte aneinander: Badalona, Mataró, Pineda de Mar, Lloret de Mar, Sant Feliu, Palafrugell, Roses und viele mehr.

Als Tagesziel hatte ich mir Lloret de Mar herausgepickt. Ein Ort, der in den Fünfzigern von Deutschen Touristen gerne als Urlaubsort gewählt wurde.

Noch war ich etwa 20 Kilometer vom Zielort entfernt, da entdeckte ich eine schöne ruhige Badebucht. Ein kleines Restaurant und einige Sonnenschirme, die mit einem Strohgeflecht bedeckt waren, luden zum Verweilen ein. Ein Parkplatz mit einem Wächter sollte für diese Nacht mein Standplatz sein. Ich erfuhr auch gleich, dass ich drei Tage hier parken konnte, Campen war aber nicht gestattet. Die örtliche Polizei erlaubte einen längeren Aufenthalt nicht, dafür kostete es aber auch nichts. Die Markise wurde also nicht ausgefahren, sonst wäre es nämlich Camping gewesen.

Am Abend suchte ich die Strandbar auf und bestellte gegrillten Fisch sowie eine Flasche kühlen Rosé. Ich genoss die Ruhe und hörte auf das Rauschen der Wellen.

Als ich am nächsten Morgen aus meinem kleinen Fenster sah, stellte ich fest, dass sich bereits einige Surfer eingefunden hatten. Das bunte Treiben vermittelte hundertprozentiges Urlaubsgefühl. Die folgenden drei Tage genoss ich meist in der kleinen Strandbar.

Dann aber entschloss ich mich zur Weiterfahrt. Gegen Mittag verabschiedete ich mich vom Strandbudenbesitzer. Weiter ging es über die Grenze nach Frankreich. Mein nächstes Ziel sollte die Camargue sein. Ich rauschte an Perpignan vorbei, wenn man 100 Stundenkilometer als »rauschen« bezeichnen konnte. Dann gab mir mein Navi – ich benutzte inzwischen eines – schon den Tipp, von der Autobahn abzufahren. Es ging in Richtung Aigues-Mortes, das Herz der Camargue. Ich folgte einem Wegweiser zu einem Parkplatz, der leider ziemlich überfüllt war. Auf die Idee, in die Camargue zu fahren, waren wohl auch andere Touristen gekommen.

Aber ich hatte wie immer Glück. Da es bereits nach 16 Uhr war, verließen einige Besucher den Parkplatz. So fand ich einen schönen Stellplatz mit Blick über das Gebiet Languedoc-Roussillon.

Trinkgeld war bekanntlich die halbe Miete, das traf auch hier zu. Der zuständige Parkplatzwächter drückte beide Augen zu, als er hörte, dass ich gerne zwei Tage bleiben würde.

Meine Wanderschuhe standen bereits an der Tür. Ich wollte das Gebiet weitläufig mit meiner Kamera durchwandern. Schon vor etlichen Jahren war ich einmal hier gewesen, hatte allerdings keine Kamera dabeigehabt. So holte ich mir jetzt meine früheren Eindrücke und Erinnerungen wieder zurück.

Am nächsten Morgen brachte mir der Parkplatzwächter zu Dienstbeginn zwei frische Baguettes mit. Die Markise hatte ich schon in aller Frühe ausgefahren und mein kleiner Tisch stand im weichen Sand außerhalb des Parkplatzes. Noch war von den Touristen nichts zu sehen, aber in einer halben Stunde würden sie über dieses Gebiet herfallen. Am Vortag hatte ich sogar einige Busse gesichtet.

Doch schon zwei Kilometer vom Parkplatz entfernt war man fast alleine und ich genoss die Ruhe. Es war eine schöne Zeit, leider konnte ich nur drei Tage bleiben, aber das Erlebte war unvergesslich.

Es war nun Zeit, weiterzuziehen. Mein nächstes Ziel sollte Grasse sein. Die Provence hatte es mir schon vor Jahren angetan. Seitdem hatte ich dort bei jeder Gelegenheit eine Pause eingelegt. So war es auch dieses Mal.

Weiter ging es über Cannes und Nizza nach Italien. Sanremo an der Italienischen Riviera sollte mein nächstes Ziel sein. Ich steuerte einen abgelegenen Standplatz an, den ich mithilfe meines ADAC-Campingführers gefunden hatte.

Wie gut, dass ich autonom war! Die Toiletten waren nicht das, was ich eigentlich erwartete, aber ich hatte ja meine eigene perfekte Ausstattung im Fahrzeug.

Ein Bus brachte mich nach Sanremo. Die »Blumenstadt«, wie sie auch genannt wird, zeigte sich von ihrer schönsten Seite. Ich liebe diese Stadt, deshalb hatte ich eine ganze Woche Aufenthalt vorgesehen.

Danach führte mich meine Reise über Alassio und Finale Ligure nach Savona. Zwischenzeitlich ging der Mai schon zur Neige. Seit ich auf Tour war, vergingen die Wochen wie im Flug, ohne dass ich es richtig bemerkte.

Ich steuerte Varazze an. Genova umfuhr ich großzügig, da ich es nicht positiv in Erinnerung hatte. Mit dem Wohnmobil wäre es ein einziges Desaster gewesen. Danach ging die Reise weiter nach Rapallo.

In der ersten Juniwoche bekam ich zu spüren, dass die Ferien in den nordischen Ländern begonnen hatten. Es schien, als drängten alle nach Italien. Beladen mit Surfbrettern und Zelten. Die Campingplätze kamen schnell an den Rand ihrer Möglichkeiten.

Ich machte die Erfahrung, dass an so manchem Platz das Schild »belegt« angebracht war, was mich dazu zwang, einfach den Versuch zu wagen und »wild« zu campen.

Nun hatte ich den Vorteil, dass mein Fahrzeug ein Kastenwagen war, also von den Maßen her einem Pkw ähnelte. So stellte ich mich teilweise einfach auf die Parkplätze in den Badebuchten. Nur einmal wurde ich von einem Carabinieri aufgefordert, das Weite zu suchen. Ich verhielt mich so, wie sonst auch, wenn ich einen Streifenwagen sah. Ich setzte mein freundlichstes Gesicht auf und erklärte, dass ich einen Bericht über die traumhafte Küste schreiben würde.

Mein nächstes Ziel war Sestri Levante. Hier deckte ich mich mit Obst, Gemüse und wichtigen Utensilien ein. Die folgenden Orte lagen alle an der Riviera. Ich passierte La Spezia und Viaréggio, bei Livorno bog ich in Richtung Florenz ab. Diese Stadt kannte ich von früheren Besuchen recht gut, sodass ich mir hier einen Stellplatz direkt am Arno suchte. Fast sechs Wochen hielt ich mich in der Toskana auf, bis ich mich entschloss, an die Adria zu fahren.

Dort besuchte ich alle Orte, die ich noch aus meiner Kindheit kannte. Ich erinnerte mich gut an Rimini. Aber lange musste ich überlegen, wie alt ich wohl war, als wir Kinder mit unserem Vater dort im Wohnwagen einen Urlaub verbrachten. Auch an Cattólica, Riccione, Cesenático und Cérvia konnte ich mich teilweise noch gut erinnern. Später, als ich begonnen hatte, mit meiner Vespa Italien unsicher zu machen, hatte ich diese Orte noch einmal besucht. Es war eine schöne Zeit, an die ich gerne zurückdenke. Mit einem Zelt unterwegs zu sein war damals groß in Mode und es hatte richtig Spaß gemacht. Vielleicht lag es daran, dass man noch das Abenteuer suchte und von Luxus nicht allzu viel hielt. Nun war ich also ein drittes Mal hier und genoss diese Zeit sehr.

Es war Anfang September und für viele Familien nahte das Ferienende. Deutlich konnte man spüren, dass sich auch die Campingplätze auf das Saisonende vorbereiteten. Einige hängten sogar bereits ein Schild an die Pforte, auf dem stand, dass spätestens im Oktober der Platz geschlossen würde. So begann ich zu überlegen, wie und wo ich den Herbst verbringen wollte. Im Raum München gab es einige Campingplätze, die über die kalte Jahreszeit geöffnet waren.

Ich nahm mir vor, spätestens im nächsten Frühjahr an den Gardasee zu fahren. Von dort sollte es dann weiter nach Venedig und Jesolo gehen. Diese Orte hatte ich in meiner Jugend schon einmal besucht, sie haben eine große Bedeutung für mich. Außerdem nahm ich mir eine Reise nach Griechenland vor. Es war aber alles noch nicht sicher.

Resümee

Nach unzähligen Gesprächen mit gleich gesinnten Wohnmobilreisenden kam ich zu der Erkenntnis, dass jeder selbst entscheiden muss, welches Fahrzeug für ihn geeignet ist.

Ich habe auch einige getroffen, die mit ihrer eigenen Wahl nicht zufrieden waren. Sie hatten sich für ein zu kleines Fahrzeug entschieden, was zur Folge hatte, dass sie ständig mit Umpacken beschäftigt waren.

Andere kamen mit einem zu großen Fahrzeug nicht zurecht, da sie beim Rangieren und Einparken einen Helfer benötigten und auf engen Landstraßen Gefahr liefen, ein entgegenkommendes Fahrzeug zu berühren. Fahrzeuge mit einem zu großen Alkoven bleiben leicht an Bäumen hängen.

Das Fahren mit einem Wohnmobil will geübt sein. Daher kann ich Ihnen nur empfehlen: Beginnen Sie mit kleinen Ausflügen und steigern Sie sich langsam, bis das Handling kein Problem mehr darstellt.

Allerdings ist momentan ein klarer Trend hin zu ausgebauten Kastenwägen zu erkennen. Die angebotenen Fahrzeuge werden von Jahr zu Jahr luxuriöser, schicker und bequemer.

Ein Fahrzeug mit Hubbett scheint im Moment der absolute Luxus zu sein. Ich habe mir einmal auf einer

Messe eines angesehen und bin mir ganz sicher, dass meine nächste Wahl auf eines dieser Modelle fallen wird.

Auf meinen Reisen wurde ich bisher nur zwei Mal von der Polizei angesprochen und gefragt, ob mein Wagen noch unter die Personenwagen-Registratur fallen würde. Zwei Mal bekam ich grünes Licht und durfte in die Stadt hineinfahren und auch dort parken.

Alles in allem bin ich mit meinem Fahrzeug vollauf zufrieden. Der Verbrauch hält sich in Grenzen und das Handling gleicht dem eines Personenwagens. Einzig bei starkem Seitenwind ist beim Überholen von Lastwagen und Omnibussen Vorsicht geboten.

Nun steht ein großer Service an, den ich in München absolvieren werde. Der Zahnriemen und die Wasserpumpe werden bei dieser Gelegenheit planmäßig gewechselt.

Im kommenden Frühjahr werde ich wieder auf Reisen gehen. So bleibt Zeit genug, um ein weiteres Buch über das »Zigeunerleben« in einem Wohnmobil zu schreiben. Der Titel steht auch schon fest: »Shoel – Spurensuche« (Roman).

Fragen über Fragen …

Vorab möchte ich auf ein wichtiges Sonderheft von »Reisemobil International« hinweisen: »Kaufberater 2013« zum Preis von 6,90 Euro. Es ist ein »Muss« für jeden Neueinsteiger! Falls das Heft bei Ihrem Zeitschriftenhändler vergriffen ist, können Sie es auch direkt beim DoldeMedien Verlag bestellen.

Sie finden darin wichtige Hinweise über folgende Themen:

Das Wunschmobil! Campingbusse, Kastenwagen, Teilintegrierte, Alkoven, Integrierte, Liner und natürlich auch Sonderfahrzeuge.

Die richtige Finanzierung und clever versichern.

Die neuen Modelle im Test.

Gebrauchte sicher kaufen.

Technik verstehen.

Welcher Grundriss passt zu Ihnen?

Inzwischen ist bereits das Sonderheft »Kaufberater 2014« erschienen, mit aktuellen Fahrzeugtests sowie zahlreichen Tipps für Einsteiger und Profis.

Was bedeutet eigentlich ...?

AES-Kühlschrank:
>
> Automatic Energy Selector. Schaltet automatisch auf den richtigen Energieversorger, z.B. Gas, Autobatterie, 230-Volt-Anschluss.

AGM Slim Line Batterien:
>
> Bleiakkumulatoren für den gewerblichen Einsatz.

Alde:
>
> Spezialfirma für die Warmwasseraufbereitung.

AL-KO-Dreiachser-Chassis:
>
> Doppelte Achse für die rückwärtigen Räder.

AL-KO-Fahrwerk, AL-KO-Chassis:
>
> Fahrwerkskomponente für Fiat Ducato. Verbessert die Straßenlage von Wohnmobil und Caravan.

Alkovenfahrzeuge:
Mit Schlafnische oberhalb des Fahrerhauses.

Assistenzsysteme:
Elektronische Warnmelder, um Unfälle möglichst zu vermeiden.

Auto-Sat:
Antenne für Wohnmobil oder Caravan. Peilt den zuständigen Satelliten automatisch an.

Brainpilot:
Brainpilot-Systeme dienen der technischen Überwachung mittels eines Bildschirms im Wohnmobil, z.B. bei Volkner Mobil erhältlich.

Breitspurhinterachse:
Für Fiat Ducato lieferbar. Gewährleistet Stabilität und mehr Platz im Wohnraum des Fahrzeuges.

Brennstoffzelle:
Eine galvanische Zelle, z.B. Brennstoffzelle der Firma EFOY.

Carado:
Fahrzeughersteller aus Sachsen, gehört zur Hymer-Gruppe.

Cassetten-WC:

Thetford ist ein bekannter Hersteller von Cassetten-WCs.

Die Cassette wird zur Reinigung und Entleerung aus dem Fahrzeug entnommen.

Diesel-Multijet:

Fiat entwickelte die Multijet-Motoreinspritzung für Dieselmotoren. Mit Multijet hat Fiat jetzt die zweite Generation der Common-Rail-Technologie definiert.

Dinette:

Essecke oder Essnische im Wohnmobil und Caravan.

Dometic WAECO:

WAECO ist seit März 2007 ein Teil der Dometic Group. Lieferant für den Komfort im Wohnmobil und Caravan, z.B. Dachfenster, Generatoren, Klimaanlagen, Safes, TV, Türen.

EFOY-Kartusche:

Tankpatrone mit Methanol für den Betrieb einer Brennstoffzelle von der Firma EFOY. Wird in Behältern von fünf bis 28 Litern geliefert.

Faltbares Silikonsieb:
Nützliches und platzsparendes Zubehör
für unterwegs.

Füllstandprüfer für Gasflaschen:
Gerät zum Überprüfen des Gasflaschen-
inhaltes.

Geklebter GFK-Verbund:
Moderner GFK-Karosserieverbund, z.B.
Eura Mobil. Geklebte Karosserieverbindung.

Gel-Batterie-Block:
Gel-Batterien sind ventilgeregelte Bleibat-
terien mit geliertem Elektrolyt.

GFK-Monocoque-Kabine:
Als Monocoque-Kabine bezeichnet man
eine Kabine, deren Dach, Wände und Boden aus GFK in einem Stück gefertigt sind.
Der glasfaserverstärkte Kunststoff bietet
einen Gewichtsvorteil.

Green Power AGM Batterie:
Wurde speziell als Servicebatterie entwickelt. Versiegelt und wartungsfrei. Als Ser-
vice- und Solarbatterie geeignet.

Heki (Mini Heki):
Dachhaube für Wohnmobil und Caravan,
in verschiedenen Größen erhältlich.

Hill Hold Control:

Berganfahrhilfe. Verhindert das Zurückrollen des Fahrzeuges am Berg oder auf einer Rampe.

Hubbett:

Absenkbares Bett im Fahrerhaus eines Wohnmobils. Auch mit elektrischer Betätigung erhältlich.

Hubkabine:

Für Off-Road-Fahrzeuge entwickelt. Wird auf der Ladefläche befestigt und kann an jedem beliebigen Ort abgesetzt werden (www.off-road-schmiede.com/index.php/hubkabinen).

Hydropneumatik:

Federungssystem, das mittels Hydraulik und Pneumatik die Funktionen von Dämpfung und Federung leistet.

Integriertes Wohnmobil:

Ein Fahrzeug aus einem Guss, z.B. Hymer oder Bürstner.

Laderegler:

Ein Laderegler oder eine Ladeschaltung hat die Aufgabe, das Ladeverfahren zum Aufladen von Akkumulatoren technisch umzusetzen.

Level Control:
Füllstandsanzeige eines Behälters, z.B. eines Frischwasserbehälters, im Wohnmobil.

Methanol-Strom:
Wird durch eine Brennstoffzelle erzeugt, z.B. von EFOY. Pro Tag genügen 1,2 Liter, um sich auf der Reise mit Strom zu versorgen. Achtung: sehr giftig, schnell entzündlich!

Multijet:
Motorentechnik, Dieseltechnik, z.B. Fiat Ducato.

Omnistep:
Elektrische Stufe für bequemes Einsteigen.

Omnistor:
Bezeichnung einer Markisenfirma.

Pick-up-Mobile:
Fahrzeuge mit Ladefläche, geeignet für Hubkabinen.

Piezozündung:
Automatische Entzündung einer Gasflamme am Herd eines Wohnmobils oder Caravans.

Porta Potti:
> Portables WC.

PowerBox Systems:
> Weltmarktführer für Stromerzeugung im Wohnmobil oder Caravan.

Privacy-Trennvorhang:
> Trennt den Sanitär- und Schlafbereich in einem Wohnmobil.

Queensbett:
> Breites, bequemes Bett im Wohnmobil für königliches Schlafen.

Rückfahrkamera:
> Ermöglicht es dem Fahrer, über einen Bildschirm zu erkennen, was hinter dem Fahrzeug passiert. Schaltet sich automatisch ein, wenn der Rückwärtsgang eingelegt wird.

Skyroof:
> Panorama-Dachfenster

Slideout:
> Ausziehbarer Erker. Verbreitert das Fahrzeug um ca. einen Meter. Elektrischer Antrieb. In den USA häufig zu sehen.

Smart-Anhänger:

Mit dem Wohnmobil in den Urlaub und den Smart einfach anhängen, mittels einer Dreieckskupplung.

Solarregler:

Solarregler und Solarladeregler sind ein Muss bei Solarstrom. Der leistungsfähige Laderegler sorgt für die zuverlässige Ladung Ihres Akkus. Sie können Laderegler auch selbst herstellen. Informieren Sie sich im Internet.

Teilintegriertes Wohnmobil:

Das Fahrerhaus eines Serienfahrzeugs (z.B. von Fiat oder Ford) wird mit einem vom Wohnmobilhersteller entwickelten Wohnaufbau kombiniert.

Thermofenster:

Thermofenster sind für den Winterbetrieb eines Wohnmobils oder Caravans unerlässlich.

Truma:

Truma ist einer der führenden Hersteller von Fahrzeugheizungen. Es gibt Modelle mit Gasbetrieb sowie Modelle mit Dieselbetrieb. Die Dieselheizung kann mit dem Fahrzeugtank betrieben werden.

Vorzeltanbindung:

Die Verbindung zwischen Vorzelt und Fahrzeug muss meist angepasst werden. Vorzelte können auch am Standplatz zurückgelassen werden, wenn mit dem Fahrzeug ein Ausflug unternommen wird.

Wechselrichter:

Elektrisches Gerät, das Gleichstrom in Wechselstrom umwandelt.
Stellt Wechselspannung von 230 Volt aus Batteriestrom bereit. Siehe auch unter: www.solarstrom.net.

Wohnkabine für Basisfahrzeuge:

Spezialbetriebe stellen sogenannte »Rohkabinen« her. Diese sind für den Selbstausbau von Fahrzeugen gedacht.

Wohnraumbatterie:

Die Wohnraumbatterie ist eine zweite Batterie, die für den Strombetrieb im Wohnteil des Fahrzeuges zuständig ist.

Zubehörshop:

Einen der größten Shops für Wohnmobile und Caravans in Süddeutschland finden Sie in Sulzemoos sowie im Internet unter: www.derfreistaat.de.
Der Freistaat Caravaning & More ist Europas größtes Handelszentrum für Wohn-

mobile und Wohnanhänger. Auf dem Ausstellungsgelände sind über 20 Marken vertreten sowie die Händler Glück Freizeitfahrzeuge, Hymer-Zentrum Sulzemoos, Caravan Zellerer, Hofstetter Wohnwagencenter und CRM Caravan- und Reisemobil-Markt.

Welcher Führerschein
für welches Fahrzeug?

Besitzer des alten Führerscheins Klasse drei dürfen
Wohnmobile, Wohnwagen und Anhänger bis zu 7,5
Tonnen bewegen.

Der neue Führerschein Klasse B ist für Wohnmobile
bis zu einem Gesamtgewicht von 3,5 Tonnen zulässig.
Bei einer höheren Gesamtmasse werden Zusatzquali-
fikationen bzw. der Führerschein Klasse C erforder-
lich. Für Wohnwagen und Anhänger gelten gesonderte
Bestimmungen. Informieren Sie sich über die neuen
Führerscheinregelungen seit Januar 2013.

Hinweise

Zuerst möchte ich auf die reichhaltige Literatur verweisen. Ich empfehle Ihnen besonders bei einem Neustart, einen Blick in die Fachpresse zu werfen.

So kaufe ich regelmäßig die Zeitschriften »Reisemobil International« und »Wohnmobil & Reisen«. Fast alle Tipps habe ich aus diesen Zeitschriften entnommen. Darin finden Sie auch wichtige Adressen, Empfehlungen und alles Wissenswerte zum Thema »Wohnmobil und Reisen«. Es lohnt sich auch, die Kleinanzeigen zu überfliegen. Vielleicht lässt sich ja ein neuwertiger Kompressor zum günstigen Preis entdecken?

Außerdem ist die Mitgliedschaft in einem renommierten Automobilclub empfehlenswert. Eine Versicherung sollte man ebenfalls mit sich führen. Besonders eine Auslandskrankenversicherung ist unentbehrlich. Wie heißt es doch so schön?

»Wenn man es dabei hat, braucht man es nicht!«

Vor allem aber: Muten Sie sich nicht zu viel zu! 5.000 Kilometer in drei Wochen können für so manchen Pensionisten sehr anstrengend sein. Prüfen Sie ebenfalls, ob Sie Ihrem Fahrzeug diese Reise auch wirklich zumuten können. Besonders bei betagten Fahrzeugen kann ein Fahrzeugausfall oder eine größere Reparatur zu einer finanziellen Katastrophe führen.

In Ihren Fahrzeugunterlagen finden Sie ein Heft mit den jeweiligen Werkstätten für Ihren Fahrzeugtyp. Prüfen Sie aber vor Ihrer Abfahrt, ob die angegebenen Adressen noch aktuell sind. Notfalls lassen Sie sich von Ihrer Werkstatt am Heimatort die aktuellen Adressen vorlegen, oder sehen Sie ins Internet.

Veranstalter von Wohnmobilreisen

Zum Abschluss finden Sie hier einige Internetadressen von Reiseveranstaltern, welche sich hauptsächlich auf geführte Touren mit dem Wohnmobil spezialisiert haben. Erkundigen Sie sich bitte rechtzeitig, da die Nachfrage das Angebot oft überschreitet. Schön ist es, in kleinen Reisegruppen unterwegs zu sein, da gerade hier die Camper-Freundschaft gepflegt wird.

Die folgende Liste ist nur eine kleine Auswahl an Reiseveranstaltern (Stand: April 2014). Sehen Sie auf die Webseiten der Veranstalter und prüfen Sie, ob eine geeignete Reise für Sie im Angebot ist.

- www.berlinski-campingreisen.de
  Elba/Sardinien/Korsika, Schweiz, Irland/Schottland, Sylt
- www.schweden-campingtouren.de
  Schweden und mehr
- www.gefuehrte-wohnmobilreisen.eu
  Happy Camp Tours
  Deutschland, Südeuropa, Skandinavien
- www.dema-tours.de
  Griechenland, Türkei, Marokko, Baltikum und mehr

- www.mir-tours.de
  Perestroika Tours
  Osteuropa, Asien, Marokko, Südeuropa, England und Schottische Highlands
- www.swisswomo-tours.ch
  Reisen durch die Schweiz
- www.siwatours.de
  Großes Angebot an Reisezielen, unter anderem Mazedonien, Bulgarien, Rumänien, Serbien, Kroatien, Montenegro, Albanien, Türkei, Georgien, Italien, Sardinien, Sizilien und Marokko
- www.bluecameltours.com
  Marokko, Pyrenäen, Tunesien
- www.ibea-tours.de
  Marokko, Island, Tunesien, Iran, Oman, VAE, Polarkreis und mehr
- www.kuga-tours.de
  Verschiedene Schnuppertouren (z.B. Danzig–Masuren) und viele andere spannende Reiseziele
- www.draculatours.de
  Rumänien, Karpaten, Donaudelta, Westbalkan, Baltikum
- www.seabridge-tours.de
  USA & Kanada, Südamerika, Südafrika, Australien & Neuseeland;
  fünf Kontinente, kein Konvoi, Fahrzeugverschiffung

Weitere Tipps

Außerdem sind folgende Websites zu empfehlen:
- www.home-car.com
  Wohnmobilvermietung in Vancouver, Kanada
- www.region-villach.at
  Infos zum Campingparadies Villach im Herzen Kärntens
- www.active-magazin.com
  Freizeitmagazin
- www.reisevideos.com

Zugang zu dem großen Angebot an Stellplätzen im In- und Ausland erhalten Sie über einen hochwertigen Campingführer Ihres Autoclubs, z.B. ADAC-Campingführer (aufgeteilt in Nord- und Südeuropa).

Ein Verzeichnis der Campingplätze in Deutschland finden Sie im Internet unter: www.camping-in-deutschland.de.

Private Stellplätze in Deutschland, Österreich und der Schweiz werden außerdem von den Touristik- oder Fremdenverkehrsbüros in den jeweiligen Touristengebieten vermittelt. Auch auf so manchem Bauernhof lassen sich Stellplätze mit Komfort finden. Schauen Sie in einen Reiseführer für Stellplätze in Europa.

Eine Liste mit Adressen von Fahrzeugherstellern finden Sie im Internet z.B. unter: www.wohnmobilund-reisen.de.

Der Autor dieses Buches wünscht Ihnen eine schöne Reise und nochmals den Tipp:

Lassen Sie die Seele baumeln!

Michael Geigenberger (Autor)
Reiseleiter aus Leidenschaft
CH – 4133 Pratteln-BL
www.michaelgeigenberger.ch